UNIVERSITÉ DE RENNES

FACULTÉ DE DROIT

THÈSE DE DOCTORAT ÉCONOMIQUE

LA MUTUALITÉ

et

les Sociétés de Secours Mutuels

Thèse présentée et soutenue le 23 Décembre 1907, à 3 heures

PAR

Paul HOUIS, Avocat

Examinateurs : MM. FETTU.
BLONDEL.
BODIN.

NANTES

IMPRIMERIE A. DUGAS & Cⁱᵉ, 5, QUAI CASSARD

1907

UNIVERSITÉ DE RENNES

FACULTÉ DE DROIT

THÈSE DE DOCTORAT ÉCONOMIQUE

LA MUTUALITÉ

et

les Sociétés de Secours Mutuels

se présentée et soutenue le 23 Décembre 1907, à 3 heures

PAR

PAUL HOUIS, Avocat

Examinateurs { MM. FETTU.
BLONDEL.
BODIN.

NANTES

IMPRIMERIE A. DUGAS & Cⁱᵉ, 5, QUAI CASSARD

1907

BIBLIOGRAPHIE

Victor BARBIN. — Les Sociétés de Secours mutuels. Étude de la loi de 1898. (Paris 1901).

Claude MAYEN. — Prévoyance et Mutualité. (Dijon 1901).

Mathéi DE VALFONS. — Les Sociétés de Secours mutuels en France. (Poitiers 1898).

BARANGER. — La nouvelle loi sur les Sociétés de Secours mutuels. (Caen 1900).

Ch. GUILHAUMON. — Les Sociétés de Secours mutuels et leur concours à l'assurance ouvrière. (Montpellier 1901).

BARBERET. — Les Sociétés de Secours mutuels. Commentaire de la loi du 1er avril 1898.

R. DE LA GRASSERIE. — Commentaire de la loi du 1er avril 1898 sur les Sociétés de Secours mutuels (1900).

GUILLOT. — Commentaire de la loi du 1er avril 1898 relative aux Sociétés de Secours mutuels (1898).

E. STRAUSS. — Les Sociétés de Secours mutuels. Étude et commentaire de la loi du 1er avril 1898 (1898).

E. COULEY. — Mouvement syndical et coopératif dans l'agriculture française. (Montpellier 1898).

HUBERT-VALLEROUX. — Les Associations ouvrières et les Associations patronales (1899).

MERLIN (R.). — Les Associations ouvrières et patronales (1899).

GLOTIN. — Étude historique, juridique et économique sur les syndicats professionnels (1892).

GENART. — Les Syndicats industriels (1896).

BOULLAY. — Code des Syndicats professionnels (1886).

CESAR-BRU. — Les Syndicats professionnels et leur personnalité civile d'après la loi du 21 mars 1884 (1891).

BONNIER. — De l'Assurance publique.

GIDE. — Principes d'Économie politique.

A. LEROY-BEAULIEU. — Précis d'Économie politique.

MARX (K.). — Critique de l'Économie politique, traduit de l'allemand par Remy (1899).

P. CAUVVÉS. — Cours d'Économie politique (1892).

ANTOINE (Ch.). — Cours d'Économie sociale.

RAMBAUD (Jos.). — Histoire des Doctrines économiques (1902).

WALRAS. — Éléments d'Économie politique pure (1900).

Ambroise CLÉMENT. — La Crise économique et sociale en France et en Europe.

Paul D'ALZAC. — La Question sociale ; un Projet de Réforme.

Émile RENAUD. — Les Syndicats professionnels : leur rôle historique et économique avant et depuis la reconnaissance légale ; la loi du 21 mars 1884.

HOUWELL (membre de la Chambre des Communes) — Traduction et préface par M. Le Cour Grand-Maison, député : Questions sociales d'aujourd'hui ; le passé et l'avenir des Trade-Union.

COTTIN-AUGAR. — De la Mutualité appliquée à la vie matérielle et sociale.

M.-F. HUBBARD. — De l'organisation des Sociétés de prévoyance ou de Secours mutuels.

Prosper CASTENIER. — Les Syndicats professionnels ; esquisse de leur législation.

M. GODIN. — Mutualité sociale.

M. Léon FAUCHER. — Du droit au Travail.

E. ROCHELIN. — Les Assurances ouvrières. — Mutualité contre la maladie, l'incendie et le chômage.

LAURENT. — Le Paupérisme et les Institutions de prévoyance.

LEVASSEUR. — Histoire des classes ouvrières.

Revue d'Économie sociale.

Revue d'Économie politique.

Journal des Économistes.

Revue des Deux-Mondes (1er juin 1899, 1er juillet 1899, 15 septembre 1902, 1er mars 1899, 1er novembre 1901).

Le Moniteur et le Journal Officiel.

Les Lois nouvelles.

DALLOZ. — Répertoire et supplément. Vo Secours publics. Sociétés de Secours mutuels.

DALLOZ. — Jurisprudence générale (1899).

PREMIÈRE PARTIE

INTRODUCTION

à une Étude sur les Sociétés de Secours Mutuels

IDÉES GÉNÉRALES SUR LA MUTUALITÉ

CHAPITRE I

La Question sociale. — Sa définition.

I. La Charité — II. La Prévoyance — III. La Mutualité

La Mutualité est une nouvelle solution proposée à la question sociale : Le développement critique de cette idée va faire l'objet de cette étude.

Mais, persuadé qu'avant d'entreprendre une démonstration, il est nécessaire pour la bonne intelligence du sujet, de définir les termes qui entrent dans cette démonstration, nous ne négligerons pas d'indiquer ici ce que nous entendons par question sociale. La « Question sociale », telle que nous la comprenons, consiste à chercher le moyen de venir en aide à toutes les misères et de les faire disparaître.

Et nous ne pouvons mieux faire, pour délimiter la portée de cette question, que d'emprunter les termes mêmes dans lesquels le Président de la Mutualité lui désignait son rôle :

« Le problème social sera résolu, a dit M. L. Mabilleau
» (novembre 1905), lorsque les malades seront soignés, les
» vieillards et les infirmes entretenus, les veuves et les
» orphelins secourus, les misérables relevés et aidés, la
» santé de la race protégée, la paix nationale assurée. »

Ce problème, la Mutualité entend le résoudre : au cours de cette étude, nous rechercherons comment et dans quelles conditions.

I

Mais avant cela, nous tenons à ouvrir une parenthèse et à jeter un rapide coup d'œil sur le passé, car la question sociale n'est pas nouvelle, et il est intéressant de voir comment jusqu'ici, on avait songé à la résoudre.

L'antiquité grecque et romaine semble avoir ignoré cette préoccupation, ou du moins l'avoir envisagée sous un jour différent du nôtre.

En effet, il n'apparaît pas que ces Sociétés aient conçu l'idéal de justice, que l'on met aujourd'hui à la base de la question sociale.

Du reste, toute conception de cet idéal eut été bien obscurcie, par l'institution de l'esclavage, sur laquelle étaient édifiées les civilisations grecque et romaine.

C'est la philosophie stoïcienne qui, la première, s'attaqua à l'esclavage, après avoir découvert la véritable notion de la Justice en révélant la personnalité humaine et en proclamant sa dignité et le respect qui lui était dû.

C'est sous son influence que l'on éleva des temples à la
« Pitié » et que l'on vit s'adoucir, peu à peu, les mœurs
d'un peuple, dont les institutions nationales comportaient
l'asservissement du vaincu.

Ensuite, le christianisme s'est emparé de cette conception
et, en la vulgarisant avec un succès unique dans l'histoire
de toutes les philosophies, il a fait naître dans le monde
un état d'âme qui avait été ignoré jusque-là.

Nous voudrions croire, pour l'honneur de l'humanité,
que l'âme humaine a toujours compté au nombre de ses
facultés le sentiment de la pitié, que l'homme n'a jamais
été complètement indifférent au malheur de ses semblables
et que la misère a toujours inspiré le sentiment qui lui
vient en aide.

Mais encore faut-il reconnaître qu'il fut longtemps fort
atténué, et que c'est seulement depuis l'ère chrétienne, qu'il
a eu une véritable efficacité.

Avec le christianisme, la pitié fut appelée d'un mot
presque nouveau : la charité, et ce mot reçut une signifi-
cation encore inconnue. La charité chrétienne signifia que
c'était un devoir pour chacun de secourir son semblable
dans le besoin, et que ce devoir, loin d'être une obligation
pénible, était au contraire, la pratique d'une vertu, dont
il avait ainsi tous les charmes.

Et pendant tantôt vingt siècles, la charité privée ou
publique a soulagé la misère, s'efforçant de solutionner la
question sociale, en appliquant utilement son génie au
perfectionnement des Sociétés.

Mais elle n'a pas fait disparaître la misère.

Il semble même que, par les imperfections qu'elle contient, elle soit aujourd'hui impropre à continuer son rôle de rénovation sociale.

Tout d'abord, la charité devient de plus en plus l'apanage d'une élite d'hommes de cœur, et de plus en plus elle sera au-dessous de sa tâche.

Et puis, ne reproduit-elle pas elle-même le mal qu'elle soulage ? Et en abandonnant, au lendemain les exigences de la veille, n'est-elle pas un remède pire que le mal, puisqu'elle l'entretient et le développe en nuisant au sentiment de prévoyance ?

Pourquoi faut-il en effet, que le beau sentiment qui inspire la charité, ne trouve pas le plus souvent, chez celui auquel il s'adresse, une âme qui en soit digne ?

Mais la misère porte avec elle une tare, dont elle souille tous ceux qu'elle touche : le pauvre, devenu mendiant, est vite déchu et dégénéré, et bientôt il en arrive à considérer son état, comme une profession susceptible de devenir lucrative par la mendicité.

Ajoutons surtout, qu'aujourd'hui la question sociale est placée sur un terrain nouveau, et qu'un souffle d'égalité a remplacé dans les âmes modernes, la soumission religieuse et craintive dont étaient façonnées les âmes de nos ancêtres.

Or, l'aumône demandée quotidiennement et reçue d'une façon habituelle révèle une infériorité, disons même un avilissement social.

Aussi, la charité n'est-elle applicable qu'à ceux qui sont résignés à leur situation inférieure et miséreuse ; les autres ne la reçoivent qu'avec un frémissement de colère, et même avec une pensée de haine; ils en veulent à la Société de les avoir ainsi outragés, et quelquefois c'est contre leurs bienfaiteurs eux-mêmes qu'ils expriment leurs ressentiments.

II

C'est ce spectacle de l'impuissance de la charité, privée ou publique, qui a orienté les sociologues vers une idée nouvelle : puisque la misère est inattaquable là où elle existe, il faut l'empêcher de se propager davantage, il faut la prévenir et elle disparaîtra ensuite par extinction.

Et c'est maintenant l'idée de prévoyance qui sert de thème à ceux qui s'efforcent de résoudre la question sociale : Prévenir la misère, l'empêcher de naître, telle est la nouvelle solution.

Toute personne est une victime possible de la misère, car les revers et les cataclysmes peuvent détruire les plus grandes fortunes, mais les plus exposés sont certainement ceux qui vivent au jour le jour du produit de leur activité quotidienne.

En effet, la plupart des ouvriers produisent par leur travail journalier leur subsistance et celle de leur famille et, s'ils tombent malades, ils sont aussitôt réduits à la misère.

On indique cette situation de la classe ouvrière par le mot « paupérisme » qui désigne sa disponibilité à la misère.

Or, l'idée nouvelle de prévoyance est de remédier à cet

état de choses, et de ne plus laisser la classe ouvrière désorganisée, à la merci de tous les événements.

Au premier abord, il semble que l'application des idées de prévoyance et d'épargne, dont nous nous réclamons, soit assez simple, et que si l'ouvrier consent à mettre de côté chaque jour une partie de son salaire, il possédera bientôt une avance qui lui permettra, s'il est malade, de passer en sécurité les mauvais jours, en attendant les bons à revenir.

Et même le résultat de cette pratique semble assuré : que le prolétaire prélève une partie de son salaire quotidien, qu'il le thésaurise, qu'il le capitalise même, cela est facile, grâce à la Caisse d'épargne, et si un jour, pour quelque cause que ce soit, le salaire vient à manquer, il pourra en attendant vivre sur ce qu'il aura ainsi amassé.

Cependant il n'en est rien.

En effet, ce procédé suppose deux choses, que l'on ne rencontre que rarement ensemble dans la classe ouvrière.

Il suppose d'abord une vertu : la prévoyance, et il n'appartient qu'à peu d'individus d'être vertueux. Il suppose ensuite que les nécessités journalières n'absorberont pas tout le salaire de l'ouvrier.

Or; n'y a-t-il pas au moins de l'ironie à présenter ce système de prélèvement, comme un bienfait inappréciable, à l'ouvrier dont le maigre salaire suffit juste à nourrir sa famille de pain, et à vêtir ses enfants de quelques vêtements qui ne les préservent même pas du froid, l'hiver, dans un taudis humide et sans feu.

Ce serait même, d'après K. Marx, la condition fatale de

toute la classe ouvrière, dont le salaire maximum correspondrait au strict nécessaire pour vivre ; ce serait la « loi d'airain », dérivant de la loi économique de l'offre et de la demande (1).

Le travail n'est-il pas aujourd'hui une marchandise, et ne suit-il pas les mêmes fluctuations de prix que les autres marchandises ? Or, les marchandises ont d'autant moins de valeur qu'elles sont moins demandées et plus offertes ; il en est de même pour le travail.

En effet, le travail est offert d'une façon presque illimitée ; l'offre ici est considérable, et actuellement, il n'y a certainement pas assez de travail pour occuper tous ceux qui ont besoin de travailler pour vivre.

Donc, le patron peut n'accorder que des salaires infimes, et néanmoins il trouvera toujours des ouvriers. Ceux-ci, en effet, pressés par le besoin, sont obligés d'accepter ce qu'on veut bien leur offrir, et en fait ils acceptent à la seule condition que le salaire soit juste suffisant pour leur permettre de vivre (2).

(1) Gide. Principes d'Economie politique.

(2) A l'appui de cette affirmation, nous sentons le besoin de citer un passage d'une enquête faite par M. Ch. Benoist, sur la condition des ouvriers des mines, et qui a paru dans la *Revue des Deux-Mondes*.

Ce qu'il importe vraiment de connaître... , c'est le rapport du salaire de l'ouvrier au coût des objets les plus nécessaires, si nécessaires qu'ils sont indispensables a l'existence ....

Pour des causes diverses, les unes qui lui sont extérieures et supérieures, les autres qui lui sont intimes et personnelles, l'ouvrier mineur est au-dessous de ses affaires. Ce n'est pas assez dire : la très grosse majorité, la presque unanimité des mineurs ont des dettes.

Ch. Benoist. *Revue des Deux-Mondes*, 15 septembre 1902.

Ajoutons à la décharge du patron que la valeur des choses est complètement faussée par la spéculation, et qu'il est lui-même lié par les lois de la concurrence ; que ces lois l'obligent à produire au meilleur marché possible, et qu'un seul patron immoral et inhumain, abusant des conditions de faiblesse dans lesquelles se trouve le prolétariat, oblige tous les autres à en faire autant.

Du reste cette loi, d'après laquelle l'ouvrier ne gagnerait fatalement que le juste nécessaire pour vivre, n'est pas tout à fait exacte, car elle néglige de faire intervenir plusieurs facteurs importants dans la fixation des salaires, tels que la valeur morale, intellectuelle et professionnelle de l'ouvrier.

Cependant il est certain que les salaires des ouvriers de l'industrie ne sont pas suffisants pour leur permettre, par l'épargne individuelle, de s'armer d'une façon certaine contre les risques de l'existence.

L'épargne possible serait trop minime ; dans la plupart des cas, l'avance qu'elle aurait constituée serait dévorée trop vite et l'on n'aurait fait que reculer de quelques jours une échéance fatale.

En somme, l'épargne individuelle ne pourrait donner que de rares résultats, et bien souvent elle resterait au-dessous de sa tâche.

Elle comporterait, en outre, un tel élément d'incertitude, qu'elle ne serait que très peu appréciée par la classe ouvrière, dont elle n'améliorerait pas la situation.

C'est en se heurtant à ce résultat que les théoriciens des œuvres de prévoyance sociale ont pensé tourner la difficulté, en greffant sur l'idée d'épargne, le génie de la Mutualité, c'est-à-dire le support en commun des risques de l'existence, et cela au moyen de l'épargne collective.

III

L'idée essentielle de la Mutualité, celle qui donne son nom à cette institution, c'est de réunir d'une part les épargnes, d'autre part les risques d'un grand nombre d'individus, afin de répartir ensuite la somme des risques sur tous les associés.

Voici comment il est possible d'arriver à ce résultat : au lieu d'épargner chacun pour soi, un certain nombre d'ouvriers s'associent pour amasser une épargne commune.

Le but de cette épargne est de secourir ceux des associés qui viendront à en avoir besoin. Elle sera employée à leur profit selon les règles suivantes :

Si l'un d'eux vient à tomber malade, ou d'une façon générale, à être frappé d'un des cas d'incapacité de travail prévu par les statuts, il sera secouru au moyen de la caisse d'épargne de la Société.

Si, au contraire, rien n'est venu le priver de son salaire, si rien n'a dérangé l'harmonie de son existence, ce que le sociétaire aura versé à la caisse d'épargne de la Société, sera le prix de sa sécurité et de sa tranquillité.

La statistique nous aiderait peut-être à démontrer que, par ce moyen, la Mutualité permet de remédier en partie à l'insuffisance de l'épargne individuelle, mais la statistique a conduit parfois à des résultats si fantastiques, que nous craindrions en l'invoquant ici, d'appeler la défiance.

Cependant, qu'il nous soit permis de faire des suppositions ; cela nous servira à démontrer par le calcul, le résultat possible du mécanisme que nous venons d'exposer.

Examinons à part cent ouvriers.

Supposons que dix d'entre eux soient affligés, au cours d'une année, chacun de trente jours de maladie ; c'est un incident énorme pour un ménage ouvrier, qui vit au jour le jour, car pendant ce temps le salaire manquera ; et, par suite, l'équilibre du budget se trouvera gravement compromis par les dettes qu'il aura fallu faire, soit pour l'entretien de la famille, soit pour les soins à donner aux malades.

Mais supposons que l'on puisse répartir sur les cent ouvriers, les trois cents jours de maladie, qui dans notre exemple supposé, forme total subit par dix d'entre eux : cela fait trois jours pour chacun d'eux, et il n'est probablement pas un ménage, qui ne puisse supporter cette crise.

C'est à ce résultat qu'arriverait la Mutualité par le moyen de l'épargne collective.

Evidemment cette façon d'exposer la Mutualité est un peu trop simple, et son organisation ne manquera pas d'obliger à entrer dans plus de détails ; nous le verrons d'ailleurs dès que nous aurons examiné les éléments essentiels de toute institution mutualiste.

CHAPITRE II

Organisation des Sociétés de Secours Mutuels

I. Éléments — II. Règles. Péréquation. Spécialité.

I. — Éléments

I

Les éléments essentiels d'une institution mutualiste sont : 1° l'épargne collective, 2° les risques, 3° les secours.

a) L'épargne collective est l'argent amassé par la Société et destiné à alimenter le service de secours ; elle est constituée à l'aide des versements périodiques d'une cotisation par chaque associé. Il appartiendra ensuite à l'administration de chaque Société, de faire fructifier ces ressources (1).

b) Les risques. Ce mot désigne, d'une manière générale, les incertitudes inhérentes à toute existence. Il signifie qu'en dehors de sa personnalité, l'homme doit compter avec les hasards heureux ou malheureux.

En notre matière, il correspond plus spécialement, au cas où par suite de maladies, d'accidents, de vieillesse ou de chômage, l'ouvrier vient à être privé de ses forces, ou ne trouve pas à en faire usage.

(1) Nous négligeons à dessein de parler des ressources extraordinaires des Sociétés de secours mutuels, consistant en dons, en legs et en subventions, car ces ressources proviennent de la charité qui, en théorie, n'a pas sa place dans la Mutualité.

Le risque se résoud par le manque de salaire et par la misère.

c) Les secours consistent dans l'argent, ou toute autre chose utile, comme les soins, que l'on donne aux miséreux.

En Mutualité, ces secours sont non seulement donnés, ils sont dûs par la Société à celui des associés, qui se trouve dans un cas prévu par les statuts.

Remarquons immédiatement que les secours forment un élément indéterminé et indéterminable. Ils doivent être de tout ce qui est indispensable au sociétaire en cas de maladie ou d'incapacité. Le fait par une Société, de distribuer à ses malades une somme fixe par jour n'enlevait rien au caractère d'indétermination des secours, car nul ne peut prévoir le temps que durera l'incapacité du sociétaire.

Du reste ce système de sommes fixes, que les nécessités de la pratique obligeront peut-être à adopter, n'est pas satisfaisant.

En effet, cette somme fixe peut être insuffisante ; en tout cas, elle n'a que peu de chance de correspondre exactement à ce qui est nécessaire au mutualiste. Or toutes les fois qu'elle sera inférieure, le résultat cherché par la Mutualité ne sera pas atteint.

Qu'importe en effet que le mutualiste reçoive la moitié ou les trois quarts de ce qui lui est nécessaire, puisqu'il restera dans le besoin pour le reste, c'est-à-dire la misère.

La combinaison rationnelle de ces trois éléments semble devoir permettre à l'ouvrier de se prémunir contre la misère, par le paiement d'une prime, calculée en pro-

portion de ses risques, et devoir donner ainsi le résultat
désiré.

II

Mais il ne suffit pas d'avoir présenté un système, logique
en théorie, pour en conclure qu'appliqué à nos Sociétés
modernes, il donnera le résultat cherché.

Il faut compter avec l'humanité elle-même, et trouver
dans le cœur de l'homme une base à la Mutualité, c'est-à-
dire une aptitude à accepter cette combinaison rationnelle
du risque supporté en commun.

C'est qu'en effet, lorsqu'il s'agit de question sociale, on ne
peut se contenter d'un système rationnel en lui-même,
mais inutile en pratique, parce qu'il est inapplicable à
l'homme.

Or, les institutions charitables et généreuses ont leurs
causes dans les sentiments altruistes, et, à ce titre, l'al-
truisme nous paraît insuffisant, comme la charité elle-
même, vis-à-vis du problème social.

Aussi, à notre avis, est-ce un sentiment « utilitariste »,
le sentiment de solidarité, qui correspond au véritable
esprit des institutions mutualistes.

En effet, nous définissons ainsi la solidarité : une disposition de chacun à accepter de supporter les risques
d'autrui, à condition de lui faire également supporter les
siens.

Cette définition qui indique une réciprocité d'intérêts,
correspond exactement au sens qu'ont donné à la solidarité,
la langue juridique et même le langage littéraire.

Le mot « Solidarité » exprime en effet, l'idée d'un groupe d'individus qui suivent le même sort.

Or, n'est-ce pas ce qui arrivera si, comme l'indique notre définition, chacun prend sa part des risques d'autrui, à condition que celui-ci en fasse autant ?

L'idée, que nous nous faisons de la solidarité, entraîne comme conséquence l'égalité de traitement entre tous les mutualistes.

Nous voulons dire par là, que les considérations de charité et d'humanité doivent être bannies de la Mutualité, et que le grand âge ou la situation spécialement malheureuse d'un associé ne doit pas faire naître pour lui un régime de faveurs et de privilèges.

Egalité ne veut pas dire similitude et parité ; il peut y avoir des différences, il y en aura même certainement ; mais nous le verrons, elles auront leurs causes dans la différence des risques apportés par les sociétaires.

C'est avec la pensée de faire régner l'égalité entre tous les mutualistes, que nous allons énoncer ce que nous considérons comme les règles essentielles de la Mutualité.

II. — Les Règles de la Mutualité

I. — ÉQUATION ENTRE LES PRIMES, LES RISQUES ET LES SECOURS

Nous avons emprunté à l'algèbre, un mot qui exprime une des règles fondamentales de la Mutualité.

Il faut, croyons-nous, établir une équation entre les

éléments qui composent la Mutualité, c'est-à-dire entre les primes, les risques et les secours.

Nous avons vu que les secours sont forcément indéterminés, ce sera l'inconnu de notre équation, qui pourrait s'écrire ainsi : $\dfrac{\text{risques}}{\text{primes}}$ = secours, et pour que l'équation reste toujours exacte, il suffira que la proportion entre les primes et les risques soit toujours constante, c'est-à-dire que si ceux-ci augmentent, ceux-là augmentent également.

Or, les risques sont essentiellement variables, et il est nécessaire que les primes varient dans les mêmes proportions, si l'on veut conserver l'équation.

En effet, ce qui frappe immédiatement, c'est la variété des dangers auxquels est exposée une existence humaine : chacun a les siens, et peut-être n'y a-t-il pas sur la terre deux individus présentant les mêmes risques.

Les différences de sexe, d'âge et de professions sont les éléments de cette variété.

La femme, par sa constitution physique et par son rôle dans la reproduction de la race humaine, est plus faible que l'homme et plus sujette à la maladie.

L'enfant et le vieillard sont bien moins résistants que l'être en pleine maturité, et l'ouvrier, selon la profession qu'il exerce, est exposé à des dangers plus ou moins grands.

Ces variétés de risques constituent des inégalités, qu'il faut compenser par des variations correspondantes dans les cotisations à payer : plus le sociétaire comporte de risques, plus il doit payer une cotisation forte, car il est plus susceptible d'avoir besoin de secours.

La violation de ce principe conduirait à des résultats que nous allons expliquer par des chiffres.

Nous avons emprunté ces chiffres à une table de morbidité quelconque, leur exactitude absolue importe peu ici, puisque leur but est simplement de rendre plus claire une démonstration.

En moyenne, dans nos pays, les hommes de 25 à 30 ans auraient besoin pour suffire aux soins de maladie et compenser le manque de gain qui en résulte, d'une somme, qui divisée entre eux tous, serait pour chacun de 17.90 par an.

De 30 à 34 ans, cette somme est de............... Fr. 20.35

    35 à 39.. 24.15

    40 à 44.. 28.85

    50 à 55 .... 47.60

    55 à 65................................... .... 137.45

Ces chiffres veulent dire, que dans une même association mutuelle garantissant tous les risques de maladie, les hommes de 25 ans coûteront en moyenne 17 fr. 90, tandis que ceux de 65 ans coûteront 137 fr. 45.

Dans ces conditions, il semble naturel et il est équitable d'exiger de chacun la cotisation correspondante à la morbidité et aux risques de son âge, c'est-à-dire 17 fr. 90 à 25 ans et 137 fr. 45 à 65 ans.

Si on négligeait de tenir compte de cette différence de l'âge, et si l'on établissait une cotisation uniforme, celle-ci devrait être assez élevée pour suffire à tous les sociétaires. Pour cela il faudrait prendre une moyenne. Le tableau auquel nous avons emprunté les chiffres précédents donne 37 fr. 80.

Dans ces conditions, les sociétaires de 25 ans feraient à la Société une aumône de 19 fr. 90, c'est-à-dire la différence entre 37 fr. 80 et 17 fr. 90.

Au contraire, ceux de 65 ans bénéficieraient d'une charité de 99 fr. 55, c'est-à-dire la différence entre 137 fr. 45 et 37 fr. 80.

Le même calcul, en ce qui concerne le sexe et la profession, nous amènerait à conclure que la femme doit payer plus que l'homme, et que l'ouvrier doit fournir une cotisation d'autant plus forte, que sa profession est plus dangereuse.

II. — *Difficultés d'application.* — Mais ces règles d'équité ont un inconvénient qui saute immédiatement aux yeux, c'est de demander plus à l'ouvrier, à mesure qu'il produit moins, et d'exiger de la femme une cotisation supérieure à celle de l'homme, alors que son salaire est généralement inférieur.

Aussi a-t-on indiqué deux autres systèmes pour éviter cette anomalie.

Dans le premier, la cotisation serait fixe, mais ne serait pas uniforme, c'est-à-dire que selon l'âge et le sexe où le sociétaire entrerait dans l'association, il paierait une cotisation plus ou moins élevée, qui resterait toujours la même.

Les tables de morbidité permettraient de fixer ces cotisations diverses.

Dans le second système, on adopte la fixité et l'uniformité des cotisations, mais avec un correctif très important, celui d'une prime à payer en entrant : cette prime étant établie également, selon les tables de morbidité, et d'autant plus élevée à chaque âge, chaque sexe et chaque profession, que la maladie y serait plus fréquente. Le premier degré de cette échelle des primes serait égal à 0, et correspondrait par exemple à l'homme de 20 ans exerçant une profession que l'expérience démontrerait être sans grand danger, et ensuite cette prime augmenterait par degré.

Ces systèmes offrent sur le précédent, l'avantage de ne laisser prendre au sociétaire qu'un engagement à la hauteur de ses forces.

Tous ces systèmes sont une application de la Mutualité pure, et quel que soit celui que l'on adopte, la conséquence certaine est de demander au mutualiste une cotisation supérieure, à mesure qu'il est moins susceptible de la fournir.

A ce point de vue, on serait peut-être disposé à croire que notre conception de la Mutualité est immorale. Mais à notre avis, il ne peut rien y avoir d'immoral à appliquer, même avec rigueur, les principes de l'équité.

Disons même que cela est nécessaire à la Mutualité, qui autrement perdrait son nom pour n'être plus que la charité, et pour aboutir à la même faillite vis-à-vis du problème social.

Sans doute, il serait fort beau de voir sur la terre entière, tous les hommes faire entre eux profession de sentiments de charité et d'assistance.

Les jeunes et les forts n'y regarderaient pas avec les vieillards et les malades, et les laisseraient profiter de leur jeunesse et de leur santé.

Mais cela est partir d'un point de départ que nous n'admettons pas, parce qu'il manque de stabilité.

Nous maintenons que l'intérêt est la seule chose sur laquelle on puisse véritablement compter. Introduire dans une institution sociale quelque chose d'aussi fragile que la charité, c'est se résigner à la voir échouer un jour où l'autre. Et si vraiment la Mutualité doit être un instrument de civilisation, il importe tout d'abord de ne point l'abandonner à des conditions d'existence aussi précaire.

Qu'arrivera-t-il en effet, si les statuts des Sociétés de secours mutuels contiennent implicitement les éléments de charité que nous venons de signaler ?

Il est certain que ceux, aux dépens desquels on ferait ainsi la charité, finiraient par s'en apercevoir et auraient sans doute assez de bon sens pour refuser de se mutualiser à leurs dépens.

D'ailleurs nous reconnaissons, qu'à ne prêter ainsi à l'humanité que des motifs intéressés, nous la jugeons d'une façon incomplète ; mais nous le répétons, l'intérêt est la seule chose certaine et durable : il n'est pas besoin d'être grand psychologue pour savoir combien le cœur humain est versatile, et combien ceux qui seraient devenus mutualistes avec tout leur cœur, useraient vite les étincelles de cette flamme, pour regretter bientôt toute générosité.

Aussi le reproche fait à notre manière de voir, d'être immorale à force d'être intéressée, nous laisserait indifférent ; il n'en serait pas de même du reproche fait à notre système d'être impraticable.

Or, nous saisissons ici l'occasion d'expliquer notre pensée : les règles que nous dégageons de l'idée que nous nous sommes faite de la Mutualité, sont des règles théoriques, et ne sont pas destinées à être appliquées immédiatement, peut-être même jamais complètement ; mais la Mutualité ne peut que gagner à voir exposer des règles essentielles qui l'empêcheront d'oublier son but.

Les tentatives de Mutualité, déjà faites et dont nous aurons à nous occuper dans notre historique, n'ont fini par manquer leur but, et dégénérer en instruments d'oppression et en coteries, que parce que de trop bonne heure, elles avaient perdu de vue le but qui les inspirait. On ne saurait trop prendre garde à ce que semblable aventure n'arrive à nos Sociétés de secours mutuels.

On nous répondra peut-être, que parmi les Sociétés actuelles, il y en a qui fonctionnent en violation flagrante des règles dont nous nous sommes réclamés, et qu'elles n'en produisent pas moins des résultats appréciables.

Mais, selon nous, cela n'enlève rien à la nécessité de connaître les règles de la Mutualité et de s'en approcher toujours, car les conditions, dans lesquelles se développe actuellement la Mutualité, ne sont pas destinées à durer toujours.

La Mutualité est dans son enfance, et comme telle gâtée en enfant.

Les subventions de l'Etat, les dons et les legs, les générosités des membres honoraires viennent combler un déficit, certain sans cela, et permettent de ne demander à chaque mutualiste qu'une cotisation inférieure à celle qu'il doit théoriquement.

En somme, actuellement tout mutualiste reçoit une aumône. Mais la Mutualité grandira et on ne nous reprochera pas d'espérer qu'un jour, elle absorbe la presque totalité des citoyens de la nation, c'est à cette condition peut-être que l'on évitera un excès de paupérisme, car la Mutualité et le paupérisme semblent destinés à s'emparer du prolétariat tout entier : ce que l'un ne prendra pas restera à l'autre.

Or de ce jour ce serait un cercle vicieux de compter sur les subventions de l'Etat : il faudrait les prendre à la bourse des citoyens avant de les leur distribuer.

D'autre part, la générosité des membres honoraires est-elle destinée à durer toujours?

Nul ne le sait. Les conditions sociales peuvent changer et la classe des gens riches est peut-être appelée à disparaître. Et du reste cette générosité serait-elle à la hauteur des nécessités?

Mais à part ces raisons que nous consentons à laisser dans le domaine des hypothèses et des utopies, il nous semble qu'il importe à la Mutualité de s'éloigner de plus en plus de ce qui permet de la considérer comme une œuvre de bienfaisance. Elle reçoit la charité; eh bien! qu'elle le veuille ou non, elle se trouve dans les conditions de l'assisté, et ainsi elle ne saurait avoir toute la liberté d'allure qui convient à une véritable institution sociale. Il s'y introduira fatalement des éléments qui terniront l'atmosphère sereine de la Mutualité.

Sous le régime du suffrage universel, le gouvernement est destiné à mal comprendre où s'arrête son droit de conservation.

Peut-être dans les moments de passions politiques trop vives, se servirait-il de toutes les armes qu'il aurait sous la main, y compris les subventions distribuées à la Mutualité.

Et de leur côté les citoyens riches, les bienfaiteurs de la Mutualité, les membres honoraires en un mot, au milieu de l'effervescence que produisent les luttes politiques et religieuses, en arriveraient facilement à croire, que l'aumône qu'ils ont versée à la Mutualité, leur donne le droit d'imposer leur manière de voir, à ceux qui dans leur pensée ne resteraient que leurs obligés.

III. — *Moyens pratiques d'application.* — Mais on ne saurait prétendre éviter toute critique, en se réclamant du but exclusivement théorique des règles que l'on émet.

Nous entendons bien que la théorie n'a de valeur, qu'autant qu'elle est susceptible d'application, et nous avouons qu'actuellement, l'application stricte des règles que nous avons émises rendrait l'accès de la mutualité difficile à beaucoup de ceux qui en ont besoin.

En effet, l'homme âgé, dont le salaire est moins élevé que celui de l'homme en pleine maturité, ne pourra que difficilement payer une prime plus forte, comme cela devrait être rigoureusement.

Mais cette difficulté, tenant à la différence d'âges, n'est

pas insurmontable, ou du moins il est possible de la réduire à son minimum.

En effet, si nous considérons une Société de secours mutuels pendant un siècle de son existence, il est facile de démontrer que si tous les membres qu'elle a comptés étaient entrés à 25 ans par exemple et y étaient restés jusqu'à 65, ils auraient gravi tous l'échelle des divers risques qu'indique la table de morbidité, à laquelle nous revenons pour la facilité de la démonstration.

Tous ils auraient versé, de 25 à 65 ans, les primes correspondantes à leurs risques, c'est-à-dire des sommes totales rigoureusement semblables et égales, et dont la moyenne est de 37 fr. 90, selon la table que nous avons prise comme exemple.

Or, au point de vue de l'équité, un seul résultat importe, c'est que le mutualiste verse bien les primes correspondantes à ses risques. Le mode de versement importe peu.

Ainsi, pour tout sociétaire resté de 25 à 65 ans dans la Société que nous avons prise comme modèle, il est indifférent qu'il ait versé ses primes, selon la progression qui aboutit à payer 137 fr. 45 à 65 ans, ou qu'il ait payé chaque année la prime uniforme de 37 fr. 90.

En effet, le total est le même.

Il suffirait donc pour que le système de primes fixes, c'est-à-dire non progressives, fut à la fois applicable et juste, que tous les sociétaires soient entrés au même âge dans la Société.

Nous reviendrons sur la légitimité et l'opportunité des

moyens à prendre pour arriver à ce résultat : c'est la question de l' « assurance obligatoire ».

Mais les conditions dans lesquelles nous prenons notre Société type sont-elles toujours réalisables ?

Evidemment, s'il est possible à une Société de secours mutuels de décider dans ses statuts que l'âge maximum d'entrée sera 25 ans ; elle ne peut, par ailleurs, exiger de ses membres qu'ils resteront jusqu'à 65 ans. La mort peut les enlever auparavant ; mais à notre avis, cela n'infirme en rien notre raisonnement ; il est basé sur des moyennes et ne saurait s'embarrasser de cas particuliers.

Du reste, la mort prématurée ne doit-elle pas être considérée comme un aléa, qui trouve très bien sa place dans un contrat aléatoire comme la Mutualité ?

Il resterait encore l'inégalité résultant de la différence des sexes et de la diversité des professions.

De ces deux inégalités, la première est naturelle et il est impossible de la faire disparaître. Quoiqu'on fasse, la femme restera au point de vue physique inférieure à l'homme. Le fait de créer des Sociétés distinctes de femmes ne changerait en rien les choses : ce serait tout au plus une commodité.

En effet, à cause de son état de moindre résistance, la femme sera toujours avec un salaire inférieur en présence de risques plus nombreux.

Mais il est bon d'ajouter que, par la constitution actuelle de la famille, il existe un correctif presque universel de cet état de chose. Le mari s'est de lui-même attribué le rôle de protecteur, c'est lui qui pourvoit à ce qui manque à sa femme et jamais nous ne consentirons à voir dans ce geste une des formes de l'aumône.

Quant à la femme non mariée, ses risques sont moins nombreux ; légalement, elle est censée ne pas encourir ceux qu'entraîne la maternité.

Les différences de professions semblent, au premier abord, devoir faire naître de plus nombreuses difficultés.

Aussi avant de les étudier, est-il bon de ramener la question à ses justes proportions.

Elles n'ont que très peu d'importance à la campagne, où les industries ne sont pas par elles-mêmes dangereuses : dans le petit atelier, où le patron n'emploie qu'un seul ouvrier et quelquefois un apprenti, le risque n'est que celui inhérent à toute existence.

Il n'en est pas de même dans les grands centres industriels, où le machinisme a apporté ses dangers en même temps que ses perfectionnements. Là, il y a des différences sensibles, c'est une expérience constante qui le révèle.

Les ouvriers verriers et mineurs sont, par leurs métiers, bien plus sujets à la maladie et aux accidents que les employés de magasin, par exemple.

De très bonne heure aussi, leur vieillesse devient improductive ; à 45 ans, un ouvrier verrier est usé, et d'enquêtes faites par des hommes éminents, il résulte que dans les mines, on trouve très peu d'ouvriers âgés de plus de 45 ans (*Benoist. Revue des deux Mondes*).

Des différences analogues se révéleraient à l'analyse de chaque profession.

Or, si dans une même association mutuelle, entraient des individus appartenant à toutes sortes de professions, il ne saurait être juste de leur faire payer une prime identifique : il faudrait pour être équitable augmenter la prime selon la gravité des risques de la profession (1).

Mais nous voyons immédiatement à quelles difficultés d'ordre pratique on va se heurter ici, ce sera au moins une comptabilité très compliquée.

Aussi serait-il peut-être plus simple de grouper à part les ouvriers d'une même industrie, ou d'industries similaires, et de les mutualiser entre eux, et puisqu'il s'agit ici de grandes villes, les groupements seront faciles à composer.

Il existe justement une institution réunissant les individus d'une même industrie : c'est le syndicat professionnel.

Or, dans le même syndicat professionnel, les risques sont à peu près les mêmes, ou se ramènent au moins de variétés possibles et les différences qui malgré tout subsisteront, passeront plus facilement entre individus peinant chaque jour au même métier.

Aussi il nous semble, que le syndicat professionnel est pour l'ouvrier de la grande industrie le vrai cadre de la Mutualité.

Afin d'étendre encore cette répartition des risques, l'union des syndicats est une chose très utile.

Cette union peut se faire dans une très large mesure et dans des combinaisons très variées.

---

(1) Cela ne saurait faire naître aucune difficulté, les professions les plus dangereuses étant en même temps les mieux rétribuées.

Il suffira pour ne pas fausser l'intrument de veiller, là comme pour chaque individu, à ce que le prime soit bien la compensation exacte des risques assurés.

II. — SPÉCIALITÉ DES COTISATIONS

Enfin nous croyons utile que l'association mutuelle soit organisée de telle façon, qu'à chaque genre de secours corresponde une cotisation spéciale.

En effet les risques, dont un ouvrier est l'objet, peuvent se grouper sous quatre titres : 1e la maladie, 2e les accidents 3e le chômage, 4e la vieillesse.

Or les cotisations versées pour garantir les risques de maladie doivent être employées uniquement au service des secours de maladie, de même pour les accidents, pour le chômage, pour la vieillesse.

Cette distinction est essentielle à l'application des règles de la péréquation des primes et des risques, qui seraient violées et n'auraient plus leur raison d'être, si l'on constituait des pensions de retraites, avec les cotisations qu'un sociétaire a versées en proportion des risques de maladie qu'il apportait.

Mais encore faut-il s'entendre et ne pas exagérer ces distinctions. Il ne saurait en effet être question d'administrations différentes, ni même de paiements séparés. La cotisation versée peut comprendre l'assurance contre tous les risques, il suffirait de distinguer dans la cotisation ce qui correspond à chacun. La même administration peut très bien faire cette opération.

CHAPITRE III

Les retraites de la vieillesse

Parmi les incapacités dont est susceptible l'existence humaine, la vieillesse a un caractère suffisamment spécial pour être envisage à part, disons plus, pour être séparée complètement des autres branches de la Mutualité.

En effet, le vieillard ne produit plus, ou du moins presque plus, et nous sommes d'avis que seulement les individus capables de produire et de travailler puissent rester dans les cadres de la Mutualité, qui concernent la maladie, les accidents ou le chòmage.

A partir de l'âge de vieillesse (qu'il serait important de déterminer), l'homme doit être considéré comme définitivement incapable, et il ne saurait plus être question d'un prélèvement de salaire : à cet âge, l'ouvrier devrait avoir acquis par son travail antérieur le droit d'être secouru jusqu'à sa mort, au moyen d'une pension de retraites.

La combinaison de la rente viagère est, à notre avis, l'idée sur laquelle pourrait être basée la retraite de vieillesse.

La rente viagère est un contrat par lequel le propriétaire d'un capital s'en dessaisit entre les mains d'un autre individu, qui s'engage à lui verser une pension jusqu'à sa mort.

Pour qu'il fut possible à l'ouvrier d'user de ce contrat viager, il faudrait qu'au cours de son existence laborieuse il eût pu épargner sur son salaire et qu'il possédât, à l'âge de retraite, le capital nécessaire à cette opération.

Qu'attendre en pratique de cette idée?

Le salarié, qui aura à se garantir contre les risques de maladie et d'accidents, pourra-t-il épargner suffisamment pour s'assurer, en outre, une pension de retraite?

Evidemment, une réponse précise est impossible; mais nous croyons pouvoir penser que pour le plus grand nombre, le résultat de l'épargne serait insuffisant.

D'autre part, ce que nous venons d'envisager est le simple contrat de rente viagère. Or, en appliquant la Mutualité, on obtient un résultat bien supérieur.

Voici, en effet, comment la Mutualité opérerait en pareille matière :

Les cotisations, que chaque membre aurait versées au cours de sa vie active dans le but de la retraite, seraient réunies de façon à former un capital commun, au moyen duquel on constituerait les pensions de retraites, à mesure que les sociétaires arriveraient à l'âge prévu.

Or, tous les sociétaires n'arriveront pas à l'âge de retraite; un certain nombre seront décédés avant.

Les cotisations qu'ils auront versées n'en resteront pas moins dans la caisse de la Société, et permettront de constituer aux survivants une pension beaucoup plus forte que s'ils n'avaient eu que leur cotisation personnelle : des tables de mortalité permettront de savoir quel est en moyenne le nombre d'individus sur cent qui, dans une même profession, dépassent l'âge que l'on aura fixé, comme étant celui de la vieillesse; et d'après le résultat de ce calcul, il sera possible d'établir les cotisations suffisantes.

La cotisation sera ainsi réduite à son minimum possible.

Ce calcul est très équitable, il est basé sur l'incertitude où chacun est de l'existence du lendemain ; il est de plus très moral : quelle application plus belle du sentiment de solidarité, que ces êtres associés, dans le but d'éviter la triste misère du vieillard, à ceux d'entre eux que la mort aura épargnés jusque-là !

CHAPITRE IV

Le rôle de l'Etat dans l'évolution de la Mutualité

Après avoir analysé ce que nous croyons être la Mutualité, et dégagé quelques règles générales que nous croyons
essentielles à son fonctionnement, il nous reste à nous
demander quel doit être l'artisan de la mutualité.

Sera-ce l'initiative privée ? ou bien l'Etat, en sa qualité
de gardien de l'intérêt général, doit-il se substituer à
l'initiative individuelle, au moins lorsque celle-ci vient à
faire défaut, et imposer la Mutualité à ceux qui en méconnaîtraient le mérite ?

Nous pouvons ici raisonner sur des faits, car une question analogue presque identique à celle qui nous occupe, a
reçu chez deux peuples de l'Europe les deux solutions
qu'elle comporte.

L'Allemagne a tranché la question dans le sens autoritaire : comme corollaire à sa loi sur les accidents du
travail, elle a institué l'assurance obligatoire, qui concourt
au même but que la Mutualité obligatoire.

Au contraire l'Angleterre, fidèle à ses vieilles traditions
de liberté, a laissé la Mutualité à l'initiative privée.

Or, le régime appliqué en Allemagne n'a pas donné de
résultats très satisfaisants, et il se trouve que la liberté en
Angleterre a donné tous les avantages que l'autorité a
procuré en Allemagne, mais n'en a pas eu les inconvénients.

Cette constatation n'entraîne pas toutefois la condamnation absolue du régime d'autorité, car les inconvénients peuvent tenir à une mauvaise législation.

En tous cas, nous ne saurions donner notre adhésion en cette matière, à un principe de liberté complète, certains que nous sommes des désordres qui en résulteraient.

Cependant nous estimons que la solution allemande est prématurée, parce qu'elle arrête le développement spontané de la Mutualité, en lui substituant une organisation sortie toute faite du cerveau du législateur. Avec ce système le résultat de saurrait être complet ; sur bien des points, il sera défectueux et il y aura des oublis.

En effet, il faut bien connaître tous les besoins de la classe ouvrière avant de lui appliquer la Mutualité ; et ces besoins sont si complexes, affectent des formes si différentes que pour être connus, il nous semble indispensable qu'ils soient sentis.

Or, si l'on fait de la Mutualité un organe administratif, elle participera de la rigidité de l'administration ; elle ne pourra s'adapter à toutes les circonstances et sera condamnée à une imperfection définitive. Au contraire, si on laisse la Mutualité grandir, elle acquerra d'elle-même sa perfection, élargissant chaque jour son champ et ses moyens d'action, corrigeant d'elle-même ses erreurs : le besoin rend ingénieux, et les Sociétés de secours mutuels sauront mieux que tous autres, trouver les remèdes aux difficultés nombreuses qui ne manqueront pas d'apparaître.

C'est la conclusion d'une pensée exprimée ainsi par M. Hubbard : « Les Sociétés de secours mutuels ne sont l'œuvre d'aucun homme, d'aucun pouvoir, mais elles apparaissent dans l'histoire de la civilisation, comme un produit nécessaire du travail des siècles. »

Cependant, si avec le temps, la Mutualité dans un avenir plus ou moins lointain, venait à acquérir une perfection suffisante, pour devenir une véritable institution sociale, nous changerions d'avis, et nous comprendrions très bien, que l'Etat impose la Mutualité à tous les citoyens, ou du moins à tous les prolétaires.

Ce serait l'assurance obligatoire.

Ce régime de l'assurance obligatoire semble sacrifier la liberté, et à ce titre, il sera combattu par tous ceux qui prétendent que le droit d'employer ses facultés et le produit de son travail comme bon lui semble, est un droit imprescriptible de l'homme.

Nous croyons qu'une telle façon de voir, cache une fausse conception de la liberté et de l'humanité, et que les lois qui organiseraient d'une façon obligatoire l'existence des individus, en leur imposant les moyens de prévoyance contre la maladie, les accidents, la vieillesse et même le chômage, assurant ainsi à chacun un sort qui soit au moins supportable, si elles le faisaient d'une façon juste et équitable, ne seraient pas plus attentatoires à la liberté, que n'est une douce et sage, mais forte direction paternelle, à l'égard d'un enfant faible et inexpérimenté.

Mais un tel espoir a trop souvent été traité d'utopie, pour que nous insistions, et puis il nous faut aussi envisager la question à l'heure actuelle. Or pour le moment nous sommes adversaires de la main-mise de l'Etat sur les Sociétés de secours mutuels, qui du reste y perdraient leur nom.

La Mutualité, comme toute institution durable, doit évoluer; et c'est le propre de l'évolution de ne pas être forcée.

Mais il ne faut rien exagérer, dans un éta liberté doit être réglementée, sous peine ... ..e l'anarchie, et nous avons à nous demander, quelle doit être la portée et l'étendue de cette réglementation.

A ce point de vue nous approuvons presque complètement ce qui s'est passé en France; mais nous réservons notre appréciation sur l'allure vraiment trop libre, que semblent avoir voulu donner à la Mutualité certains partis politiques en l'éloignant de la tutelle de l'État, son protecteur naturel.

Dans notre pays, il est de tradition pour les pouvoirs publics, d'être toujours inquiets des manifestations de l'initiative privée.

La Mutualité n'y a pas échappé. Dès ses débuts, elle a été l'objet de lois restrictives, qui ensuite sont devenues de plus en plus libérales, produisant des résultats toujours meilleurs. Sans doute ces lois ne sont pas sans reproches, et nous ne leur épargnerons pas quelques critiques : la perfection ne s'acquiert en ces matières qu'en éliminant les imperfections, et nous regrettons à peine la lenteur avec laquelle s'est faite chez nous cette élimination.

Bien souvent en effet, les lois restrictives sont inspirées par les nécessités du moment; de loin on voit mal les choses, et les lois semblent trop sévères, parce qu'on ignore les besoins qui les ont fait naître.

Pour les Sociétés de secours mutuels, il fallait éviter

l'abus de la liberté, cela aurait pu compromettre tous les résultats, et aurait jeté un discrédit anticipé sur l'institution, avant qu'elle ne produisit ses fruits, et peut-être même n'en eût-elle jamais produits, détournée qu'elle aurait été de son véritable but, dans un esprit de spéculation.

Mais s'il était sage, de la part du législateur, d'avoir veillé à la formation d'une jeune institution, d'avoir pris soin avec un peu de sévérité quelquefois à ce que sa jeunesse ne fut pas sa perte, il faut éviter maintenant une direction trop étroite qui dégénérerait en asservissement.

Que l'Etat ne soit pas jaloux de son autorité, qu'il ne soit pas soupçonneux sans motifs ! qu'il ne présume pas la mauvaise intention ! Ce serait la faire naître ! Que le législateur laisse suivre à la Mutualité son développement, entre les limites qu'il aura sagement et libéralement tracées.

Et aussi qu'il ne lui ménage pas ses faveurs, il y va de son intérêt; s'il est une chose pénible pour un Etat, c'est le service d'assistance, or la Mutualité lui rendra chaque jour ce fardeau plus léger, en attaquant le mal dans sa racine, en retirant un grand nombre d'individus à cette vie d'imprévoyance, qui peut en faire à tous moments des miséreux. En plus elle relèvera le niveau moral du pays, en changeant la nature de l'assistance, car le mutualiste, lorsqu'il est secouru par la caisse commune, exerce un droit qu'il a acquis lui-même, et cela est suffisant pour lui faire conserver toute sa dignité.

Et si la Mutualité arrivait ainsi aux destinées qui lui sont offertes, nous oserions croire que la question sociale serait près d'être résolue, tellement les discussions qui tiennent aux divergences politiques et religieuses nous semblent un jeu d'esprit, auquel seuls ceux qui ont l'estomac tranquille et le corps au repos, aiment à exercer le surplus de leur activité.

DEUXIÈME PARTIE

HISTORIQUE

AVANT-PROPOS

L'histoire des Sociétés de secours mutuels, sous leur forme actuelle, ne remonte guère qu'à un siècle, et si nous nous en tenions à la définition que nous avons donnée de la Mutualité, nous commencerions notre historique à peine à la Révolution française.

En effet, c'est seulement au xixe siècle que l'industrialisme a réuni, dans l'usine et dans l'atelier, le prolétariat trop dispersé sous l'ancien régime, pour se porter une protection mutuelle efficace. Avec la grande industrie seulement, les ouvriers se sont trouvés groupés, et ont vu leur grand nombre et leur puissance, et aussi la similitude de leur pénible condition. Depuis, ils font l'effort le plus légitime pour en sortir.

Cet effort s'est traduit, en partie, par une forme presque nouvelle d'associations mutuelles, sous le nom de Sociétés de secours mutuels.

Mais la Mutualité, comme toutes les institutions sociales, ne s'est pas constituée tout d'un coup ; elle s'est formée peu à peu, elle a évolué, et ses premiers éléments ont sans doute pris naissance dans les premières Sociétés.

Dès que les hommes ont vécu en Société, l'évolution de

la Mutualité a commencé, et depuis le besoin qu'ils ont senti de se protéger réciproquement, s'est manifesté à chaque page de leur histoire, par les combinaisons les plus variées de l'association.

Antiquité

Aussi trouve-t-on dès l'antiquité des associations, dont le but semble avoir été à la fois la défense en commun contre l'oppression, et un mutuel appui, au milieu des vicissitudes de l'existence.

Les associations, ainsi formées entre individus appartenant aux classes inférieures de la Société, portèrent en Grèce les noms « d'Eranies, de Sundories, d'Hérétries ». Les détails de leur organisation sont presque inconnus ; nous savons cependant que chaque membre fournissait une cotisation, dans le but de secourir les autres membres qui se trouvaient dans la misère.

A Rome, le même phénomène se produisit ; spontanément d'abord, puis l'Etat organisa toutes les professions industrielles en syndicats et en corporations.

Les « gens de métiers » s'associèrent également en « collèges », sous la dépendance et la surveillance de l'Administration.

D'autres collèges (collèges funéraires et militaires), dont les auteurs font mentions, semblent aussi avoir eu pour but l'assistance mutuelle, mais nous sommes insuffisamment documentés sur leur organisation.

Le développement prodigieux de l'église catholique,

dans les classes inférieures de la société, donna naissance, sous les auspices de la religion chrétienne, à des associations formées d'individus de petite condition ; ce furent les « collegia tenuorum », dont le but principal était également le secours mutuel.

D'autre part, dans les pays barbares soumis aux Romains et administrés par eux, on retrouve la même application administrative de prévoyance mutuelle.

Mais, comme nous l'avons dit dans notre introduction, l'antiquité ne pouvait rien produire de complet en matière de mutualité, car l'institution de l'esclavage, la division des citoyens en castes, et l'absence de l'idée de justice que nous mettons à la base de la question sociale, ne permettaient pas de recueillir de l'association tout le fruit que nous en attendons aujourd'hui.

Période Franque

Au v⁽ᵉ⁾ siècle, les invasions barbares avaient porté leur coup mortel à l'Empire romain et chacun des peuples, autrefois soumis, commençait à revivre de sa vie propre.

La Gaule, dont nous allons nous occuper plus spécialement maintenant, s'en détachait, à moins qu'il ne soit plus exact de dire que l'Empire, qui ne pouvait plus la défendre, l'abandonnait.

Pressés sur ses frontières, des peuples guerriers allaient la ravager, puis l'occuper.

A cette période d'invasions, correspondait un état d'anarchie dans la plupart des provinces de la Gaule, et les

gouvernements devinrent trop faibles pour se faire respecter et protéger leurs administrés.

Alors les populations songèrent à pourvoir d'elles-mêmes
à leur sécurité, et pour cela formèrent des associations
dans un but de défense commune contre toutes sortes
d'événements.

Ce fut l'origine de la ghilde : après une cérémonie
symbolique, deux ou plusieurs hommes se considéraient
comme frères et juraient de se venir mutuellement en
aide et de se protéger.

Rapidement ces unions s'élargissaient et finissaient par
comprendre un grand nombre d'individus, en même temps
elles s'organisaient.

Ces associations avaient leurs lois, et une des conditions
d'entrée, était de prêter un serment de fidélité aux statuts.
Avant on avait pris soin de s'informer des qualités morales
du postulant. A son admission, le nouveau membre payait
un droit d'entrée qui n'avait rien de fixe, mais qui semble
avoir été essentiel (1).

Dans la ghilde, la solidarité était parfaite, elle s'étendait
à tous les accidents de la vie : lorsqu'un des associés
tombait malade, les autres l'assistaient tour à tour à son
chevet ; s'il était réduit à la misère par la maladie ou la
vieillesse, on lui donnait de quoi vivre. Le confrère dont
la fortune avait été compromise par un événement quelconque : épidémie, vol, incendie, naufrage, voyait ses
co-associés venir à son secours. On accordait même des

(1) MAYEN. — Thèse, Dijon, 1900-1901.

subsides aux pèlerins qui s'en allaient à Rome, ou en terre sainte, des dots aux filles des confrères décédés.

Les Conghildes s'assistaient dans les poursuites judiciaires, vengeaient tous l'injure faite à l'un d'eux, et se portaient ensemble à la défense de celui qui était menacé de voies de faits (1).

Bien plus, la ghilde prétendait à une certaine autonomie : au sein même de l'association, on appliquait des pénalités, on protégeait contre la répression des pouvoirs publics, et lorsque les « Conghildes » étaient appelés en justice, ils ne devaient point déposer les uns contre les autres.

L'Eglise chrétienne eut une influence considérable sur la ghilde, comme sur toutes les institutions de l'époque, mais elle ne put arriver à façonner complètement les âmes barbares et grossières de ces peuples guerriers.

Aussi, bien souvent, la ghilde donna-t-elle lieu à des abus.

Mais les abus se comprennent, quand on s'est fait une idée de la civilisation de nos ancêtres et de la façon dont ils se comportaient dans les réunions publiques.

A ce sujet, certains règlements de la ghilde peuvent nous édifier. Ce sont les règlements qui présidaient à l'organisation des banquets, et il semble, à la façon dont on les énonce, qu'ils étaient souvent transgressés.

On y trouve écrit sérieusement des règles tellement

____

(1) Levasseur. Histoire des classes ouvrières. Tome I. Livre II. Chapitre I.

essentielles de politesse, qu'aujourd'hui elles resteraient sous-entendues. « Notamment, il est défendu de se battre à table, de s'emparer par la violence de la place d'un autre, de crier trop fort et de couvrir ainsi la voix des autres, d'emporter les reliefs du banquet, de s'y « oublier », de s'endormir, de s'enivrer au point de perdre la raison, et de rouler par terre « avant d'être rendu chez soi ».

Moyen-âge X* au XV* siècle
et l'ancien régime XVI* au XIX* siècle

LE CORPS DE MÉTIERS

Pendant les cinq siècles qui suivirent la chute de la domination romaine, les invasions barbares avaient continué à dévaster la France. Lorsque e courant eut cessé, et que les barbares se furent installés sur les positions conquises, l'agriculture se développa, les industries manufacturières prirent naissance, et le commerce les fit prospérer.

Mais l'anarchie intérieure persistait, et ceux qui vivaient du travail étaient bien souvent la proie du plus fort.

Aussi, le phénomène de groupement que nous avons remarqué se reproduisit-il encore : les individus exerçant une même profession, ou des professions similaires s'unirent dans un but de défense commune, contre les risques de l'existence. Ces unions ne furent sans doute au début que des faits particuliers, mais elles se généralisèrent vite, et aux xii* et xiii* siècles elles formaient le corps de métiers.

Le corps de métiers est l'association des artisans coopérant au même ouvrage ; il comprend le patron, l'ouvrier et l'apprenti.

Au début, l'union fut sans doute assez intime entre les membres du corps de métiers, et la corporation remplit peut-être assez bien son rôle d'assistance mutuelle, mais devenue forte, elle dégénéra ; l'esprit de fraternité s'y défigura et si » l'honneur du corps ne permettait pas qu'on » laissât un de ses membres dans le besoin, c'est que l'on » devenait charitable, peut-être un peu par esprit de fra- » ternité, mais surtout par esprit d'ostentation » (1).

Aussi c'est surtout dans une institution qui coexiste avec le corps de métiers, mais avec lequel il ne faut pas la confondre, que nous trouvons un ancêtre mutualiste : la confrérie.

LA CONFRÉRIE

Le corps de métiers envisageait les besoins du commerce et de l'industrie, la confrérie fut le moyen de satisfaire les besoins d'assistance et de religion de l'artisan et du chrétien.

« La confrérie se proposait un but qu'elle n'atteignait » toujours qu'imparfaitement, c'était de faire de tous les » hommes du même métier, comme une famille, unie par

(1) LEVASSEUR. — Histoire des classes ouvrières, tome I, livre IV, chapitre V, page 586.

» la foi, sous le patronage du même saint et par le plaisir
» de joyeuses et fréquentes assemblées » (1).

L'historien n'a vu que le côté extérieur de la confrérie,
mais il y avait plus que cela.

La confrérie embrassait un vaste domaine, trop vaste
peut-être, et c'est pour cela qu'elle ne remplit qu'imparfaitement sa tâche. Les statuts nous révèlent combien
était large le sentiment de fraternité qu'on y professait. Il
serait trop long d'en reproduire même un seul, tellement
nos ancêtres se complaisaient en longueurs, et tellement
ces codes d'assistance mutuelle prévoyaient tous les inci-
dents pénibles de l'existence, afin de les rendre à chacun
plus légers, en ordonnant aux autres de le secourir.

Leur action avait même la prétention de s'étendre par
delà l'existence, et à côté de l'assistance matérielle, il y
avait l'assistance spirituelle. En mourant, chacun pouvait
compter sur les prières de ses confrères, et ceux-ci ne pouvaient, sans cause légitime, se dispenser d'assister à
l'enterrement, sous peine d'amende.

C'était aussi dans les exhibitions de la vie publique, que
les confrères s'unissaient pour lutter de magnificence avec
les autres confréries, et ainsi s'aidaient mutuellement à
satisfaire le besoin que chacun ., d'étaler sa vanité. Ce
n'est sans doute pas e plus beau côté de la confrérie, mais
il est humain.

La confrérie ne se confondait donc pas avec le corps de

(1) LEVASSEUR. — Histoire des classes ouvrières, tome I. livre IV,
chapitre V, page 574, 2e édition 1900.

métiers, mais il y avait étroite parenté, et cette parenté fut cause que la confrérie comprit imparfaitement son rôle mutualiste.

Car, lorsque nous présentons celle-ci comme un ancêtre de la Mutualité, nous ne nous dissimulons pas son imperfection, et ce serait induire en erreur, que de ne pas la faire connaître tout entière.

C'est qu'en effet, pendant que le corps de métiers était devenu un instrument d'oppression pour satisfaire les désirs de monopole et de privilèges, la confrérie était devenue complètement la chose du maître : l'ouvrier et l'apprenti y étaient à peu près oubliés.

Les statuts prévoyaient que le confrère, tombé dans la pauvreté ou devenu malade, serait secouru, mais c'était exclusivement du maître qu'il s'agissait ; quand l'ouvrier et l'apprenti recevaient quelque chose, c'était à titre d'aumône.

« Aujourd'hui que les questions de salaires, de Mutualité
» et de patronages sont à l'ordre du jour, certains publi-
» cistes se complaisent à chercher dans la corporation
» le modèle d'une protection vigilante des maîtres à l'égard
» de leurs ouvriers, et affirment que la charité chrétienne,
» exercée en faveur des ouvriers pauvres ou malades, était
» la rançon du privilège dont jouissaient les maîtres. Il
» n'en est rien ; ni compagnon ni apprenti n'avaient droit
» aux secours, ils n'étaient pas plus admis aux bénéfices
» de l'aumône qu'aux avantages de la communauté ; les
» maîtres seuls et leurs veuves en profitaient.

» Cependant, la distance morale est grande, entre cette

» charité dans la corporation et le droit à une assistance
» déterminée, que donne le placement dans une assurance
» sur la vie, ou la cotisation dans une Société de secours
» mutuels ; l'un procède d'une pensée de prévoyance, et
» soutient la dignité humaine par le sentiment d'une
» indépendance, conquise à force d'épargne ; l'autre rap-
» pelle à l'assisté sa condition dépendante. » (1)

C'est tout ce que devait produire la corporation, dans le domaine de la Mutualité, à part quelques exceptions, en Flandre par exemple, où il y avait plus d'égalité ; mais l'organisation en était bien rudimentaire, puisqu'à la fin de l'année « on buvait » le reliquat de la caisse. La Société panotechnique de prévoyance de Paris, qui possédait une caisse destinée à secourir les malades et les vieillards, et une Société d'assurances mutuelles, fondée à Nevers (1767) par les peintres et les tourneurs en faïence, pour subvenir à leurs besoins, étaient des tentatives de mutualité plus régulières ; mais ce ne furent que des exceptions.

LE CAMPAGNONNAGE

A côté de la confrérie du corps de métiers, faite surtout pour les maîtres, et trop étroite dans son esprit et dans ses limites pour contenir les ouvriers, ceux-ci formèrent la confrérie plus large du compagnonnage. Délaissés au sein même du corps de métiers, les ouvriers s'associèrent en

____

(1) LEVASSEUR. Histoire des classes ouvrières. Tome II.

dehors des patrons, dont ils se distinguèrent en se donnant entre eux le nom de compagnons.

Le but général du compagnonnage fut une protection mutuelle contre l'arbitraire du patron, et en cela il est un précédent de nos syndicats ouvriers, mais il fut surtout une véritable institution d'assistance mutuelle.

L'ouvrier était bien peu de chose dans la hiérarchie sociale du moyen âge, et au xiii* siècle, l'institution du Tour de France rendit plus nécessaire encore à l'ouvrier, le besoin de protection.

L'ouvrier, qui ne voulait pas s'éterniser dans la médiocrité d'un seul atelier, avait pris l'habitude d'aller de ville en ville, de travailler de ci de là, portant dans les ateliers où il arrivait les procédés qu'il avait connus ailleurs, et s'instruisant des inventions qu'il rencontrait dans les villes où il séjournait. On comprend qu'à cette époque, où la sûreté individuelle n'était assurée que dans une faible mesure par l'Etat, où l'assistance publique était inconnue, l'ouvrier faisant son tour de France eût rencontré sur son chemin de tels obstacles, qu'il se serait arrêté dès la seconde étape, découragé par son isolement et sa faiblesse.

En arrivant dans une ville, il aurait longuement cherché de l'ouvrage, et n'en eût peut-être pas trouvé, soit qu'il y eût déjà assez d'ouvriers, soit que mécontents de voir un nouveau venu, ceux-ci s'y fussent opposés de toutes leurs forces.

Non seulement le compagnonnage empêcha ce funeste résultat, mais il rendit supportable la condition de l'ouvrier, et relativement facile le voyage du tour de France.

« Unis par les liens du compagnonnage, les ouvriers
» furent les membres d'une vaste famille, où chacun con-
» sidérait son voisin comme un frère (1). »

La confrérie du compagnonnage n'eut pas de limites
territoriales, tous les ouvriers auraient pu en faire partie ;
elle fut cosmopolite sous l'invocation d'un saint, et on y
entrait par une initiation mystérieuse, dont l'objet principal était de recevoir un mot de passe pour se faire reconnaître, et de le garder secret, sous le sceau du serment. Le
siège social du compagnonnage, dans chaque ville, était
un cabaret ; c'est là que les ouvriers se réunissaient.

Grâce au mot de passe, l'ouvrier était accueilli au cabaret
de la ville, dans laquelle il arrivait ; là, on s'empressait de
lui procurer du travail ; il y rencontrait des visages amis,
au milieu d'étrangers, et quand il se trouvait en détresse,
loin de sa patrie, il trouvait du pain et des secours.

Le compagnonnage avait des racines profondes dans le
moyen âge, mais ce n'est qu'aux xiiie et xive siècles qu'il
atteignit son organisation définitive ; nous le retrouvons
aux xve, xvie, xviie et xviiie siècles, se multipliant à
mesure que la séparation entre maîtres et ouvriers s'ac-
centuait davantage.

Dès ses débuts, le compagnonnage s'attira la haine des
patrons, la défiance des pouvoirs publics et les foudres de
l'église. Il fut proscrit sous tous les règnes et solennelle-
ment condamné en Sorbonne (xviie siècle).

(1) LEVASSEUR. Histoire des Classes ouvrières. Livre IV. Chapitre VI.
Page 604.

Mais les compagnons, qui ignoraient probablement leur condamnation, continuèrent à s'organiser en Sociétés d'assistance mutuelle, à grand renfort de cérémonies religieuses.

Le but principal fut le prêt d'argent aux nécessiteux, et le secours aux malades ; parfois cependant, ils oublièrent ce but pour des préoccupations politiques qui n'ont rien à voir avec la Mutualité.

La législation de l'ancien régime n'avait guère connu les compagnonnages que pour les proscrire ; aussi leur formation ne comportait-elle aucune réglementation légale.

Cependant les ouvriers poussèrent assez loin le talent de l'organisation, et le compagnonnage semble avoir rayonné sur toute la France, avec une certaine unité d'idées et de direction. A la veille de la Révolution, leur utilité les avait rendus encore plus nombreux, tellement la gêne était partout et la misère immense.

En même temps, l'Etat commençait à s'inquiéter, en voyant quelle force existait dans cette masse houleuse et compacte dont la direction lui échappait.

La Révolution passa, balayant toutes les institutions surannées de l'ancien régime ; mais le compagnonnage resta, à travers la tourmente révolutionnaire, ce qu'il était autrefois. Il continua d'être une protection pour l'ouvrier et un moyen d'assistance mutuelle ; « il n'avait même » point perdu sa vanité des distinctions, et son orgueil » aristocratique, qui n'avait pas été moins empreint dans

» l'esprit des classes ouvrières, que dans celui des classes
» nobles » (1).

Cependant, le compagnonnage ne devait jamais être
qu'une ébauche de Mutualité, parce que les mauvais principes, qui y avaient pénétré, avaient gêné le développement des bons. Il lui manquait une réglementation raison-
nable et une législation libérale, qu'aurait pu lui donner
une autorité clairvoyante.

C'est le besoin de toute institution naissante : « car la
» nature a déposé, dans toute âme humaine, des germes qui
» portent leurs tristes fruits, partout où la loi n'est pas
» assez forte ou assez vigilante, pour défendre la liberté
» contre l'oppression » (2).

LA FRANC-MAÇONNERIE

Parmi les compagnonnages, il en est un qui mérite une
mention spéciale : c'est la Franc-maçonnerie.

La franc-maçonnerie tenait de la confrérie en ce qu'elle
comprenait dans son sein, à la fois les maîtres, les ouvriers
et les apprentis, mais elle participait du compagnonnage,
en ce qu'elle n'était pas organisée au profit exclusif des
maîtres, et qu'au point de vue des secours, les ouvriers et
les apprentis se trouvaient presque les égaux des maîtres.

L'histoire des origines de la franc-maçonnerie est fort
discutée, nous ne citerons que comme légende, la préten-

(1) LEVASSEUR. — Histoire des Classes ouvrières.
(2) LEVASSEUR. — Histoire des Classes ouvrières.

tion de la faire descendre des constructeurs du temple de Salomon.

Nous n'insisterons pas sur l'hypothèse, qui fait des templiers proscrits par Philippe le Bel, les ancêtres de la franc-maçonnerie.

Il est bien probable que, comme les autres associations dont nous venons de parler, elle naquit du besoin et que son utilité fut sa véritable cause.

Comme toutes les institutions du moyen âge, la franc-maçonnerie eut un caractère religieux très prononcé, et cet esprit fut même plus sévère et plus profond qu'ailleurs.

Elle était aussi empreinte d'un grand esprit de justice et de solidarité. A l'intérieur de la franc-maçonnerie, chacun avait droit à l'aide et à la protection de «*ses frères*», et c'était un devoir pour ceux-ci de ne pas laisser « *leurs frères* » dans le besoin ; la justice y était mutuellement rendue selon les statuts.

La franc-maçonnerie pénétra à peine en France, mais sur les points où elle existât, elle fût longtemps florissante.

Le côté professionnel s'effaça vers le milieu du xviiie siècle. D'ailleurs la loge de Londres, fondée en 1717, avait donné à la franc-maçonnerie un caractère complètement humanitaire et social : elle devenait ainsi davantage une institution mutualiste, mais en même temps, elle s'enfermait dans un secret plus grand, et le voile sous lequel elle a vécu depuis cette époque, nous empêche de vouloir y suivre la tradition mutualiste.

XIX⁰ Siècle. — La Révolution

.La révolution contenait deux idées, qui en théorie se conciliaient parfaitement, et qui semblaient même être le complément l'une de l'autre : c'était la liberté du travail et la liberté d'association.

Cependant les circonstances rendirent inconciliables ces deux libertés.

Le droit de travailler avait été sous l'ancien régime, un attribut de la souveraineté. Le souverain distribuait, ou plutôt vendait ce droit, et les acheteurs se servaient de la corporation, pour ne pas laisser exploiter par d'autres, ce qu'ils avaient acheté ou obtenu.

Cela n'existait plus.

La constitution proclamait que le droit de travailler était un droit naturel, comme celui de vivre, et même qu'il en était la conséquence : c'était l'idée juste de la révolution.

Une autre idée semblait devoir découler naturellement des principes révolutionnaires : c'était la liberté de s'associer dans le travail. Et pouvait-on être sincèrement hostile à ce désir des ouvriers de se prêter un mutuel secours, dans leur carrière d'incertitude du lendemain, de misère sans issue, et de vieillesse abandonnée ? Cela était trop juste et trop humain pour ne pas être compris par les assemblées révolutionnaires, qui avaient rêvé de faire naître le bien-être universel.

Mais le modèle des corporations était encore trop récent,

pour que l'on ne confondît pas avec lui, toute association d'individus exerçant la même profession.

Aussi la crainte du retour des corporations fut plus forte, on sacrifia la liberté d'association à ce que l'on crût être la condition de la liberté du travail, et après le décret du 2-16 mars 1791, qui avait supprimé les corporations et proclamé la liberté du travail, un autre décret du 14-17 juin 1791, défendit aux ouvriers de s'unir dans un but d'intérêt professionnel.

Il est même curieux de connaître les considérants de cette prohibition : « parce que à partir d'aujourd'hui, disait le député Chapellier, il n'y a plus que l'intérêt particulier de chaque individu et l'intérêt général. » (*Moniteur Officiel*).

L'intérêt collectif était considéré comme une monstruosité par les hommes de la Révolution, qui voulaient révéler à chaque citoyen sa personnalité, et le forcer à conserver sa liberté individuelle.

Et en même temps, on formulait pour la première fois à notre tribune législative, la théorie de l'État providence.

En refusant aux ouvriers le droit de s'unir, on leur promettait que l'Etat les soutiendrait lui-même, et le soulagement de la misère fut ainsi considéré comme une dette nationale.

Du reste, les associations ouvrières constituées malgré la loi, donnaient raison par leur attitude aux prohibitions législatives.

Ces associations se tenaient au courant des préoccupations politiques du moment, elles reprenaient les questions posées devant les Assemblées constituées, et souvent, prétendaient les résoudre par la violence (*Moniteur officiel du 29 avril 1791*).

Cependant un décret des 19-22 juillet 1791 apporta un léger tempérament à cet état de choses, en exprimant qu'il serait loisible aux citoyens n'appartenant pas exclusivement à la même profession, de s'assembler paisiblement, en se conformant aux formalités imposées.

Mais les formalités étaient tracassières, et il répugnait aux ouvriers de s'associer à des individus d'une profession différente de la leur. Malgré tout, la Mutualité naissait.

A Paris, il se créait 13 Sociétés de secours mutuels de 1794 à 1806, et de 1806 à 1823, il s'en créait 111 autres.

Dans les grandes villes de France, de semblables éclosions se produisaient, d'autant plus intéressantes, qu'elles se faisaient sur une idée débarrassée de toutes celles qui avaient jusque-là encombré la Mutualité : toute préoccupation politique ou religieuse en était statutairement écartée ; on s'occupait seulement de venir en aide aux membres tombés dans le besoin par la maladie : c'était le but essentiel de la Mutualité nettement dégagé.

Le législateur lui-même pensait bien que le secours à la misère ne la ferait pas disparaître, et tout en consacrant la solution nationale du secours à la misère, il ajoutait que mieux vaudrait la prévenir.

Voici, en effet, comment s'exprimait à ce sujet le rapporteur de la commission de mendicité.

« C'est sans doute un devoir impérieux de la société,
« que celui d'assister la pauvreté, mais celui de la pré-

» venir n'en est pas un moins sacré et moins nécessaire. »
(*Moniteur officiel*).

Cette idée était sur le point de passer dans les institutions, quand la commission proposa le décret suivant : Le
comité de mendicité, de concert avec le comité des finances
et de l'agriculture, présentera à l'Assemblée nationale le
plan d'une caisse d'épargne à établir par le département.

Mais la Révolution allait trop vite.

Ces pensées de prévoyance venaient à peine d'être expri-
mées, au milieu de ce calme relatif des premiers moments
de la Révolution, qui permettait encore aux esprits sages
de se faire entendre, que déjà l'Assemblée législative, composée de l'élite de la nation, une des plus illustres qui
furent jamais à la tête de notre pays, déclarait que ses
membres n'étaient plus rééligibles, et, à cette période grave,
abandonnait les destinées de la France à des fanatiques
violents et envieux, qui devaient tout détruire, sans pouvoir rien édifier.

Le Consulat et l'Empire

Le consulat et l'empire ramenaient la paix intérieure ;
une certaine activité industrielle se produisit, et en même
temps les ouvriers cherchèrent à se grouper.

Mais l'administration impériale entrava ce mouvement
en se servant de l'ancien décret des 14-17 juin 1791.

Heureusement les Sociétés de secours mutuels surent
mériter la bienveillance de l'entourage impérial, et la police

se montra moins ombrageuse à leur égard, que vis-à-vis des autres associations.

Mais, en 1810, le Code pénal était promulgué avec son fameux article 291, qui interdisait, à moins d'une autorisation spéciale du gouvernement, « les associations de plus » de vingt personnes, dont le but serait de se réunir tous » les jours, ou à certains jours marqués pour s'occuper· » d'objets religieux, littéraires, politiques ou autres. (291, C. P.)

On s'est demandé depuis, en théorie, si les Sociétés de secours mutuels tombaient sous le coup de l'article 291 du Code pénal : on disait en répondant par la négative que les Sociétés de secours mutuels, étaient fondées dans un but pécuniaire, que le mutualiste faisait essentiellement un contrat d'assurance, et qu'ainsi, les Sociétés de secours mutuels devaient participer de la législation commerciale.

Cela n'est vrai qu'en partie, car si le paiement d'une cotisation à une Société de secours mutuels, est une spéculation dans le but de se protéger de la misère, il n'a pas pour but la réalisation d'un profit, ce qui à notre avis est essentiel pour constituer une opération commerciale.

Mais l'administration impériale ne se posa pas même cette question, et imposa l'article 291 aux Sociétés de secours mutuels.

La Restauration

La Restauration continua la tradition de l'Empire.

Louis-Philippe

Sous le gouvernement de juillet, la situation s'améliora en fai[t] pour la Mutualité.

En 1840 (6 août), le ministre de l'intérieur, M. de Rémusat, dans une circulaire, recommanda à ses préfets d'être bienveillants pour les Sociétés de secours mutuels ; dès 1835 (5 juin), une loi leur avait permis de faire des versements aux caisses d'épargne.

Et alors, à la veille de la Révolution de 48, il y eut trois sortes de Sociétés de secours mutuels :

1° Celles qui demandaient l'autorisation exigée par l'article 291 du Code pénal et l'obtenaient ;

2° Celles qui ne la demandaient pas, mais se conformaient aux prohibitions de la loi, pour éviter l'application de l'article 291 du Code pénal ;

3° Celles qui participaient du régime des institutions reconnues d'utilité publique par l'État.

La reconnaissance d'utilité publique est une sorte de privilège, que chaque régime accorde aux institutions, qu'il estime devoir l'aider dans sa tâche civilisatrice.

Mais elle ne s'obtenait pas sans difficulté, pour les Sociétés de secours mutuels, si on en juge par cette réponse faite par le ministre de l'intérieur a un préfet, qui demandait cette reconnaissance pour une Société : « quelque » louable que soit le but de cette institution, il n'existe pas » de motifs particuliers pour la reconnaître comme établis- » sement d'utilité publique, elle ne présente pas ce carac-

» tère et ne peut être considérée que comme une asso-
» ciation ayant pour objet l'utilité particulière de ses
» membres ». Et il concluait au rejet. (Victor BARBIN, th.
droit. Paris, 1900-1901).

Période révolutionnaire de 1848-52

La Révolution de 1848 abrogea, entre autres choses, les
articles 291 et suivants du C. P.

Ce fut la liberté la plus complète ; mais les Sociétés
réclamèrent d'elles-mêmes une réglementation.

Aussi, la première Assemblée révolutionnaire nomma-
t-elle une Commission à cet effet.

Le projet proposé par cette Commission (1) était conçu
dans une idée de protection pour les Sociétés de secours
mutuels, et leur laissait en même temps assez de liberté,
pour ne pas nuire à leur initiative.

Ce projet aboutit à la loi du 15 juillet 1850. Cette loi
offrait une réglementation aux Sociétés de secours mutuels,
qui ne voulaient pas user de l'excès de liberté, dans la
crainte de tomber dans l'anarchie.

Cette réglementation, dont le résultat était la reconnaissance d'utilité publique, comprenait : « une demande
en reconnaissance d'utilité publique au préfet, accompagnée
d'un acte notarié, contenant les statuts ; la soumission
d'une façon générale au contrôle des autorités ; la promesse
de ne pas constituer de retraites aux sociétaires ; l'obser-

(1) Rapport lu à la Chambre le 18 février 1850.

vation de certaines règles fixant un maximum de dépôts de capitaux dans leurs caisses. »

En retour, la reconnaissance d'utilité publique donnait certaines faveurs : c'étaient celles qui découlent de la personnalité juridique :

a) Faculté de recevoir, après autorisation, des dons et legs ;

b) Droit à un local dans la commune où les Sociétés existaient ;

c) Exemption des droits de timbre et d'enregistrement ;

d) Faculté de faire, aux Caisses d'épargne, des dépôts de fonds égaux à la totalité de ceux qui seraient permis, au profit de chaque sociétaire individuellement.

La reconnaissance d'utilité publique était offerte aux Sociétés de secours mutuels, mais le mécanisme en était sans doute trop compliqué, peut-être hors de leur portée, toujours est-il que très peu eurent recours à cette faculté et que l'anarchie persista dans la Mutualité.

Le Second Empire

Le régime oppresseur, qui suivit le coup d'Etat Bonapartiste, n'épargna pas les Sociétés de secours mutuels, et un décret du 25 juillet 1852 vint remettre en vigueur les articles 291 et suivants du Code pénal, le régime de liberté fut d'un seul coup remplace par celui d'une rigueur excessive.

Mais en même temps, cet excès était tempéré, par la création, sous le nom de Sociétés de secours mutuels approuvées, d'un type nouveau, dont les conditions étaient facilement accessibles, et l'on considéra que les Sociétés librement fondées de 1848 à 1852, recevaient du fait même de leur existence l'approbation, pourvu que leurs statuts ne fussent pas en contradiction flagrante, avec l'esprit du décret. L'approbation entraînait quelques obligat s. (Décret du 25 juillet 1852.)

D'après ce décret, pour qu'une Société fut approuvée, il fallait :

» Qu'elle réservât à l'Empereur la nomination de son président ;

» Qu'elle admit des membres honoraires et qu'elle ne stipulât des pensions de retraites, que s'il y avait un nombre suffisant de membres honoraires ;

› Qu'elle ne promit pas de secours, e cas de chômage :

» Qu'elle observât certains principes d'organisation que l'autorité croyait devoir édicter, dans l'intérêt même des Sociétés de secours mutuels. »

En retour, il y avait des avantages :

Les plus importants étaient : le droit de prendre des immeubles à bail, la faculté de recevoir des dons et legs, la jouissance d'un local fourni par la commune, l'exemption de certains droits, la faveur de faire dans des conditions privilégiées des dépôts aux caisses d'épargne, le droit de constituer un fonds commun de retraites pour ses membres, la participation aux subventions de l'Etat.

En dehors des Sociétés reconnues ou approuvées, restaient les Sociétés de secours mutuels autorisées, puisque, depuis 1852, une autorisation était nécessaire à une association pour se former, et que celles qui existaient auparavant, se trouvaient du fait même de leur existence, approuvées ou autorisées, selon qu'elles se soumettaient ou non aux conditions essentielles de l'approbation.

De 1852 à 1898, les Sociétés de secours mutuels n'ont pas été l'objet spécial de lois importantes, mais diverses dispositions législatives les ont atteintes d'une façon incidente.

Dès le 22 janvier 1852, les Sociétés de secours mutuels avaient été l'objet d'une dotation de 10 millions. Ce fait devait avoir une grande importance sur l'un des buts des Sociétés de secours mutuels, qui ne faisait qu'apparaître : la constitution de retraites.

Le législateur de 1850, édifié par ce qui s'était produit dans la première moitié du siècle, avait défendu ou à peu près, aux Sociétés de secours mutuels, de s'occuper de pensions de retraites. C'est qu'en effet, les Sociétés avaient promis imprudemment des retraites supérieures à leurs ressources, et ne conservaient même pas de quoi secourir leurs malades.

En 1852, on était un peu revenu sur cette défense, puisqu'on permettait aux Sociétés de constituer des pensions de retraites, à condition d'avoir un nombre suffisant de membres honoraires. Cette condition était regrettable, mais elle prouvait un bon vouloir et indiquait, que l'on regardait le but poursuivi par une Société de secours mutuels de constituer des pensions, non seulement comme légitime, mais même utile.

Dans le même temps, une institution importante avait

été créée, et elle s'était développée : c'est la caisse nationale des retraites pour la vieillesse.

Il ne saurait être, dans notre sujet, de fair^ ici une étuda de cette institution, qui a son existence propre en dehors de la Mutualité.

Disons seulement que, dans l'esprit du législateur, les Sociétés de secours mutuels étaient destinées à user dans une large mesure de la caisse nationale, pour la constitu-tion de leurs pensions de retraites, puisque l'administra-tion de la caisse nationale était chargée de faire toutes leurs opérations.

IIIᵉ République

La Mutualité a vécu sous ce régime, jusqu'en 1898.

C'est le 1ᵉʳ avril 1898 qu'a été promulguée la loi, qui régit actuellement les Sociétés de secours mutuels ; mais il faut remonter jusqu'à 20 ans auparavant, pour retrouver les premiers efforts parlementaires, qui devaient aboutir à cette loi.

Le 19 novembre 1881, pou répondre aux réclamations légitimes de ceux qui se plaignaient de ce que le régime de la Mutualité, trop étroit d'une part et mal défini de l'autre, les empêchait d'en tirer tout le parti possible, M. Maze présenta à la Chambre des députés un projet qui eut, dès son apparition, le plus grand succès ; et bien qu'il précède de 17 ans le vote de la loi, on peut voir dans ce projet l'origine des inovations de la loi ⸱ 1898.

La proposition Maze, dans les détails de laquelle nous

n'entrerons pas, était imprégnée d'un grand esprit de libéralisme, et tout en donnant une garantie de bonne administration, permettait à la Mutualité de faire des progrès.

Accepté par la Chambre, le projet Maze fut confié par le Sénat à l'examen d'une Commission, dont M. Léon Say était le rapporteur.

Cette Commission essaya de démontrer que les Sociétés de secours mutuels étaient des associations de capitaux, et qu'à ce titre, elles devaient vivre de la législation commerciale (1).

Le Sénat recula devant cette innovation, et renvoya le projet à la Commission.

Le projet que la Commission présenta au Sénat le 4 mars 1886, ne contenait plus trace de l'idée d'associations de capitaux, mais on n'y pouvait non plus reconnaître le projet libéral de M. Maze.

Cependant, le Sénat l'adopta.

Revenu à la Chambre, il ne fut adopté qu'après modifications. (Présenté par M. Sarrien, le 3 juillet 1886.)

Au Sénat, le projet retrouva son premier auteur, M. Maze, nommé sénateur depuis peu, et on put espérer que la solution législative était proche. (Rapport de M. Maze, 15 décembre 1887.)

Malheureusement, M. Maze mourut, et le projet fut

(1) Rapport présenté le 1er juillet. *Journal Officiel* (annexe n° 1081. du 3 août 1882).

oublié jusqu'en 1892, époque à laquelle M. Cuvinot le fit voter au Sénat, encore modifié. (3 juin 1892.)

Le 2 décembre 1893, M. Audiffred s'inspira des travaux législatifs antérieurs, pour déposer à la Chambre des Députés un nouveau projet de loi.

De violentes réclamations accueillirent les innovations nombreuses qu'il contenait ; la discussion fut des plus vives.

Les partis y apportèrent une passion, que l'on ne rencontre habituellement qu'en matière politique et religieuse. Enfin, la Chambre vota un texte le 4 juin 1897. Modifié par le Sénat le 15 février 1898, il revint à la Chambre, qui l'adopta. (12 mars 1898.)

Nous avons négligé de donner des détails et des commentaires sur la législation qui a précédé celle de 1898. C'est que nous avons cru qu'il était inutile de faire revivre dans son ensemble ce qui n'est plus que le passé, et qu'il a suffi de dégager l'idée directrice à chaque étape, afin de voir la progression constante de la Mutualité.

Mais en exposant la loi de 1898, nous avons l'intention de présenter dans son ensemble, et d'une façon critique, la législation mutuelle telle qu'elle existe aujourd'hui.

TROISIÈME PARTIE

LOI

du 1ᵉʳ Avril 1898 sur les Sociétés de Secours Mutuels

TITRE PREMIER

DISPOSITIONS COMMUNES A TOUTES LES SOCIÉTÉS

Article premier. — Les Sociétés de secours mutuels sont des associations de prévoyance qui se proposent d'atteindre un ou plusieurs des buts suivants : assurer à leurs Membres participants et à leurs familles des secours en cas de maladie, blessures ou infirmités, leur constituer des pensions de retraites, contracter à leur profit des assurances individuelles ou collectives en cas de vie, de décès ou d'accidents, pourvoir aux frais des funérailles et allouer des secours aux ascendants, aux veufs, veuves ou orphelins des Membres participants décédés. — Elles peuvent, en outre, accessoirement, créer au profit de leurs Membres des cours professionnels, des offices gratuits de placement et accorder des allocations en cas de chômage, à la condition qu'il soit pourvu à ces trois ordres de dépenses au moyen de cotisations ou de recettes spéciales.

Art. 2. — Ne sont pas considérées comme Sociétés de secours mutuels les associations qui, tout en organisant, sous un titre quelconque, tout ou partie des services prévus à l'article précédent, créent, au profit de telle ou telle catégorie de leurs Membres et au détriment des autres, des avantages particuliers. Les Sociétés de secours mutuels sont tenues de garantir à tous leurs Membres participants les mêmes avantages sans autre distinction que celle qui résulte des cotisations fournies et des risques apportés.

Art. 3. — Les Sociétés de secours mutuels peuvent se composer de Membres participants et de Membres honoraires ; les Membres honoraires payent la cotisation fixée ou font des dons à l'Association sans prendre part aux bénéfices attribués aux Membres participants ; mais les statuts peuvent contenir des dispositions spéciales pour faciliter leur admission, au titre de Membres participants, à la suite de revers de fortune. Les femmes peuvent faire partie des Sociétés et en créer : les femmes mariées exercent ce droit sans l'assistance de leur mari ; les mineurs peuvent faire partie de ces Sociétés sans l'intervention de leur représentant légal. — L'administration et la direction des Sociétés de secours mutuels ne peuvent être confiées qu'à des Français majeurs, de l'un ou l'autre sexe, non déchus de leurs droits civils ou civiques, sous réserve, pour les femmes mariées, des autorisations de droit commun. — Les Sociétés de secours mutuels constituées entre étrangers ne peuvent exister qu'en vertu d'un arrêté ministériel toujours révocable. Par exception, elles peuvent choisir leurs administrateurs parmi leurs Membres. — Les Membres du Conseil d'administration et du bureau des Sociétés de secours mutuels seront nommés par le vote au bulletin secret. — Les administrateurs et directeurs ne pourront être choisis que parmi les Membres participants et honoraires de la Société.

Art. 4. — Un mois avant le fonctionnement d'une Société de secours mutuels, ses fondateurs devront déposer en double exemplaire : 1° les statuts de ladite association ; 2° la liste des noms et adresses de toutes les personnes qui, sous un titre quelconque, seront chargés à l'origine de l'administration ou de la direction. — Le dépôt a lieu, contre récépissé, à la sous-préfecture de l'arrondissement où la Société a son siège social, ou à la préfecture du département. — Le Maire de la commune en est informé immédiatement par les soins du Préfet ou du Sous-Préfet. — Un extrait des statuts sera inséré dans le Recueil des actes de la préfecture. — Tout changement dans les statuts ou dans la direction sera notifié et publié selon les formes indiquées ci-dessus.

Art. 5. — Les statuts déterminent : — 1o Le siège social, qui ne peut être situé ailleurs qu'en territoire français ; — 2o Les conditions et les modes d'admission et d'exclusion, tant des Membres participants que des Membres honoraires ; — 3o La composition du bureau et du Conseil d'administration, le mode d'élection de leurs Membres, la nature et la durée de leurs pouvoirs ; les conditions du vote à l'Assemblée générale et du droit pour les Sociétaires de s'y faire représenter ; — 4o Les obligations et les avantages des Membres participants ; — 5o Le montant et l'emploi des cotisations des Membres, soit honoraires, soit participants, les modes de placement et de retrait des fonds ; — 6o Les conditions de la dissolution volontaire de la Société ; — 7o Les bases de la liquidation à intervenir si la dissolution a lieu ; — 8o Le mode de conservation des documents intéressant la Société ; — 9o Le mode de constitution des retraites pour lesquelles il n'a pas été pris d'engagement ferme et dont l'importance est subordonnée aux ressources de la Société ; — 10o L'organisation des retraites garanties, et spécialement la fixation de leur quotité et de l'âge de l'entrée en jouissance ; — 11o Les prélèvements à opérer sur les cotisations pour le service spécial des retraites, lorsque, conformément à la clause précédente, les cotisations des Membres honoraires ou participants devront être affectées pour partie à la constitution de retraites garanties, que ce soit au moyen d'un fonds commun ou de livrets individuels ouverts au nom des Sociétaires.

Art. 6. — Lorsque l'Assemblée générale sera convoquée, les pouvoirs dont les Sociétaires seront porteurs, si les statuts autorisent le vote par procuration, pourront être donnés sous seing privé et seront affranchis de tous droits de timbre et d'enregistrement ; ils seront déposés au siège social. — Les contestations sur la validité des opérations électorales sont portées, dans le délai de quinze jours à dater de l'élection, devant le juge de paix du siège de la Société. Elles sont introduites par simple déclaration au greffe. — Le juge de paix statue, dans les quinze jours de cette déclaration, sans frais ni forme de procédure et sur simple avertissement donné trois jours à l'avance à toutes les parties intéressées. — La décision du juge de paix est en dernier ressort, mais elle peut être déférée à la Cour de Cassation. Le pourvoi n'est recevable que s'il est formé dans les dix jours de la notification de la décision. Il est formé par simple requête déposée au greffe de la justice de paix et dénoncée aux défendeurs dans les dix jours qui suivent. Il est dispensé du ministère d'un avocat à la Cour et jugé d'urgence sans frais ni amende. — Les pièces et mémoires fournis par les parties sont transmis sans frais par le greffier de la justice de paix au greffier de la Cour de Cassation. La chambre civile de cette Cour statue directement sur le pourvoi. — Tous les actes sont dispensés du timbre et enregistrés gratis.

Art. 7. — Dans les trois premiers mois de chaque année, les Sociétés de secours mutuels doivent adresser, par l'intermédiaire des préfets au Ministre de l'Intérieur, et dans les formes qui seront déterminées par lui, la statistique de leur effectif, du nombre et de la nature des cas de maladie de leurs Membres, telle qu'elle est prescrite par la loi du 30 novembre 1892.

Art. 8. — Il peut être établi entre les Sociétés de secours mutuels, en conservant d'ailleurs à chacune d'elle son autonomie, des unions, ayant pour objet notamment : — *a*) L'organisation, en faveur des Membres participants, des soins et secours énumérés dans l'article premier, notamment la création de pharmacies, dans les conditions déterminées par les lois spéciales sur la matière ; — *b*) L'admission des Membres participants qui ont changé de résidence ; — *c*) Le règlement de leurs pensions viagères de retraite ; — *d*) L'organisation d'assurances mutuelles pour les risques divers auxquels les Sociétés se sont engagées à pourvoir, notamment la création de caisses de retraites et d'assurances communes à plusieurs Sociétés pour les opérations à long terme et les maladies de longue durée ; — *e*) Le service des placements gratuits.

Art. 9. — Les Sociétés de secours mutuels sont admises à contracter des assurances, soit en cas de décès, soit en cas d'accidents, aux caisses d'assurances instituées par la loi du 11 juillet 1868, en se conformant aux prescriptions des articles 7 et 15 de ladite loi. — Ces assurances peuvent se cumuler avec les assurances individuelles.

Art. 10. — Les infractions aux dispositions de la présente loi seront poursuivies contre les administrateurs ou les directeurs et punies d'une amende de 1 à 15 fr. inclusivement. — Si une Société est détournée de son but de Société de secours mutuels, et si, trois mois après un avertissement donné par arrêté du Préfet du département, cette Société persiste à ne pas se conformer aux prescriptions de la présente loi ou aux dispositions de ses statuts, la dissolution pourra en être prononcée par le Tribunal civil de l'arrondissement. — Le ministère public introduira l'action en dissolution par un mémoire présenté au

Président du Tribunal énonçant les faits et accompagné des pièces justificatives ; ce mémoire sera notifié au Président de la Société avec assignation à jour fixe. - Le Tribunal jugera en audience publique, sur les réquisitions du Procureur de la République, le Président de la Société entendu ou régulière ment appelé. — Le jugement sera susceptible d'appel. — L'assistance de l'avoué ne sera obligatoire ni en première instance ni en appel. — En cas de fausse déclaration faite de mauvaise foi ou de toutes autres manœuvres tendant à dissimuler, sous le nom de Sociétés de secours mutuels, des associations ayant un autre objet, les juges de répression auront la faculté de prononcer la dissolution à la requête du ministère public. Les administrateurs et directeurs seront passibles d'une amende de 16 à 500 francs. .

Art. 11. — La dissolution volontaire d'une Société de secours mutuels ne peut être prononcée que dans une assemblée convoquée à cet effet par un avis indiquant l'objet de la réunion et à la condition de réunir à la fois une majorité des deux tiers des Membres présents et la majorité des Membres inscrits. — En cas de dissolution par les Tribunaux, le jugement désigne un administrateur chargé de procéder à la liquidation définitive. — Aucun encaissement de cotisations autres que celles échues au jour de la liquidation ne peut plus être effectué. — Communication sera faite à l'administrateur des livres, registres, procès-verbaux et pièces de toute nature : la communication aura lieu sans déplacement, sauf le cas où le Tribunal en aurait ordonné autrement. — La liquidation s'opérera conformément aux statuts ; elle sera homolguée sans frais par le Tribunal, à la diligence du Procureur de la République.

Art. 12. — Les secours, pensiôns, contrats d'assurances livrets, et généralement toutes sommes et tous titres à remettre par les Sociétés de secours mutuels à leurs Membres participants, sont incessibles et insaisissables jusqu'à concurrence de 360 fr. par an pour les rentes et de 3.000 fr. pour les capitaux assurés.

Art. 13. — Les Sociétés de secours mutuels ayant satisfait aux prescriptions des articles précédents ont le droit d'ester en justice, tant en demandant qu'en défendant, par le Président ou par le Délégué ayant mandat spécial à cet effet, et peuvent obtenir l'assistance judiciaire aux conditions imposées par la loi du 22 janvier 1851.

Art. 14. — Les Sociétés de secours mutuels se divisent en trois catégories : — 1° Les Sociétés libres ; — 2° Les Sociétés approuvées ; 3° Les Sociétés reconnues comme établissements d'utilité publique.

TITRE II

DES SOCIÉTÉS LIBRES

Art. 15.—Les Sociétés libres et unions de Sociétés libres peuvent recevoir et employer les sommes provenant des cotisations des Membres honoraires et participants, et généralement faire des actes de simple administration ; elles peuvent posséder des objets mobiliers, prendre des immeubles à bail pour l'installation de leurs divers services. — Elles peuvent, avec l'autorisation du Préfet, recevoir des dons et legs mobiliers. — Toutefois, si la libéralité est faite à une Société dont la circonscription comprend des communes situées dans des départements différents, il est statué par un décret. S'il y a réclamation des héritiers du testateur, il est statué par un décret du Président de la République, le Conseil d'Etat entendu. — Lorsque l'emploi des dons et legs n'est pas déterminé par le donateur ou testateur, cet emploi séra prescrit par l'arrêté ou le décret d'autorisation, en exécution de l'article 4 de l'ordonnance du 2 avril 1817. — Les Sociétés libres ne peuvent acquérir des immeubles, sous quelque forme que ce soit, à peine de nullité, sauf les immeubles exclusivement affectés à leurs services. Elles ne peuvent, à peine de nullité, recevoir des dons ou legs immobiliers qu'à la charge de les aliéner et d'obtenir l'autorisation mentionnée au paragraphe 3 ci-dessus. La nullité sera prononcée en justice, soit sur la demande des parties intéressées, soit d'office, sur les réquisitions du ministère public.

TITRE III

DES SOCIÉTÉS APPROUVÉES

Art. 16. — Les Sociétés de secours mutuels et les unions de Sociétés prévues à l'article 8, qui auront fait approuver leurs statuts par arrêté ministériel, auront tous les droits accordés aux Sociétés libres et unions de Sociétés libres et jouiront des avantages concédés par les articles suivants. [1] L'approbation ne peut être refusée que dans les deux cas suivants : — 1º Pour non-conformité des statuts avec les dispositions de la loi ; — 2º Si les statuts ne prévoient pas des recettes proportionnées aux dépenses, pour la constitution des retraites garanties ou des assurances en cas de vie, de décès ou d'accident. — L'approbation ou le refus d'approbation doit avoir lieu dans le délai de trois mois. Le refus d'approbation doit être motivé par une infraction aux lois et notamment aux dispositions du paragraphe 4 du présent article. — En cas de refus d'approbation, un recours peut être formé devant le Conseil d'Etat. Ce recours sera dispensé de tout droit ; il pourra être formé sans ministère d'avocat. — Tout changement dans les statuts d'une Société

(1) Modifié par la loi du 2 juillet 1904, page 147.

approuvée doit être l'objet d'une nouvelle demande d'approbation, et aucune modification statutaire ne peut être mise à exécution si elle n'a pas été préalablement approuvée. — Il sera procédé, pour les changements dans les statuts, comme en matière de statuts primitifs, pour tout ce qui concerne les dépôts, les délais et les recours.

Art. 17. — Les Sociétés de secours mutuels approuvées pourront, sous réserve de l'autorisation du Conseil d'Etat, recevoir des dons et legs immobiliers. — Les immeubles compris dans un acte de donation ou dans une disposition testamentaire, que les Sociétés n'auront pas été autorisées à conserver, seront aliénés dans les délais et la forme prescrite par le décret qui en autorise l'acceptation ; le délai pourra, en cas de nécessité, être prorogé. — Les Sociétés de secours mutuels et les unions approuvées prévues à l'article 8 peuvent être autorisées, par décret rendu en Conseil d'Etat, à acquérir les immeubles nécessaires soit à leurs services d'administration, soit à leur service d'hospitalisation.

Art. 18. — Les communes sont tenues de fournir aux Sociétés approuvées qui le demandent les locaux nécessaires à leurs réunions, ainsi que les livrets et registres nécessaires à l'administration et à la comptabilité. En cas d'insuffisance des ressources des communes, cette dépense est mise à la charge des départements. Dans le cas où la Société s'étend sur plusieurs communes ou sur plusieurs départements, cette obligation incombe d'abord à la commune dans laquelle est établi le siège social, ensuite au département auquel appartient cette commune. — Dans les villes où il existe une taxe municipale sur les convois, il est accordé aux Sociétés approuvées remise des deux tiers des droits sur les convois dont elles peuvent avoir à supporter les frais, aux termes de leurs statuts.

Art. 19. — Tous les actes intéressant les Sociétés approuvées sont exempts des droits de timbre et d'enregistrement. — Sont également exempts du droit de timbre de quittance les reçus de cotisations des Membres honoraires ou participants, les reçus des sommes versées aux pensionnaires, ainsi que les registres à souches qui servent au paiement des journées de maladies. — Cette disposition n'est pas applicable aux transmissions de pro-'priété, d'usufruit ou de jouissance de biens meubles et immeubles, soit entre vifs, soit par décès. — Conformément' aux articles 19 de la loi du 11 juillet 1868 et 24 de la loi du 20 juillet 1886, les certificats, actes de notoriété et autres pièces exclusivement relatives à l'exécution des lois précitées et de la présente loi seront délivrés gratuitement et exempts des droits de timbre et d'enregistrement.

Art. 20. — Les placements des Sociétés de secours mutuels approuvées doivent être effectués en dépôt aux caisses d'épargne, à la Caisse des dépôts et consignations, en rentes sur l'Etat, bons du Trésor ou autres valeurs créées ou garanties par l'Etat, en obligations des départements et des communes, du Crédit foncier de France ou des Compagnies françaises de chemins de fer qui ont une garantie d'intérêts de l'Etat. — Les Sociétés de secours mutuels approuvées pourront, en outre, posséder et acquérir des immeubles jusqu'à concurrence des trois quarts de leur avoir, les vendre et les échanger. — Pour être valables, ces opérations devront être votées à la majorité des trois quarts des voix par une Assemblée générale extra-ordinaire composée au moins de la moitié des Membres de la Société, présents ou représentés. — Les titres et valeurs au porteur appartenant aux Sociétés de secours mutuels approuvées seront déposés à la Caisse des dépôts et consignations, qui sera chargée de l'encaissement des arrérages, coupons et primes de remboursement de ces titres, et en portera le montant au compte de dépôt de chaque Société.

Art. 21. — Les Sociétés de secours mutuels approuvées sont admises à verser des capitaux à la Caisse des dépôts et consignations (1) 1º En compte courant disponible ; — 2º En un compte affecté pour toute la durée de la Société à la formation et à l'accroissement d'un fonds commun inaliénable. — Le fonds commun de retraites existant au jour de la promulgation de la loi ne peut être supprimé. — Il peut être placé soit à la Caisse des dépôts et consignations, soit en valeurs ou immeubles, conformément aux articles 17 et 20, soit à la Caisse des retraites. Pour l'avenir, les statuts de chaque Société déterminent si elle entend user de cette faculté de constituer un fonds commun et dans quelles conditions ; ils règlent les moyens de l'alimenter, qu'il s'agisse d'un fonds commun conservé ou d'un fonds commun à creer. Ils décident notamment si la Société devra verser à ce fonds, en totalité ou en partie, les subventions de l'Etat, les dons et legs, les cotisations des Membres honoraires et les autres ressources disponibles. — Le compte courant et le fonds commun portent un intérêt un taux égal à celui de la Caisse nationale des retraites pour la vieillesse. — La différence entre le taux fixé par le paragraphe précédent et le taux de 4 1/2 p. 100, déterminé par le décret-loi du 26 mars 1852, et le décret du 26 avril 1856, sera versée, à titre de bonification, à chaque Société de secours mutuels approuvée ou reconnue utilité publique, en raison de son avoir à la Caisse des dépôts et consignations (fonds libres et fonds de retraites), au moyen d'un crédit inscrit chaque année au budget du ministère de l'intérieur. — Les intérêts qui ne reçoivent pas d'emploi au cours de l'année sont capitalisés tous les ans. — La Caisse des dépôts et consignations aura la faculté de faire emploi des fonds versés

(1) Compiété par la loi du 7 juillet 1900, page 143.

aux comptes ci-dessus désignés, dans les mêmes conditions que pour le. fonds des Caisses d'épargne (1)

Art. 22. — Les pensions de retraites peuvent être constituées soit sur le fonds commun, soit sur le livret individuel qui appartient en toute propriété à son titulaire, à capital aliéné ou réservé.

Art. 23. — Les pensions de retraites alimentées par le fonds commun sont constituées à capital réservé au profit de la Société. Elles sont servies directement par la Société à l'aide des intérêts de ce fonds, ou par l'intermédiaire de la Caisse nationale des retraites. — Pour bénéficier de ces pensions, les Membres participants doivent être âgés d'au moins cinquante ans, avoir acquitté la cotisation sociale pendant quinze ans au moins et remplir les conditions statatuaires fixées pour l'obtention de la pension. — Les Sociétés qui constituent sur le fonds commun des pensions de retraites garanties sont tenues de produire, tous les cinq ans au moins, au ministre de l'intérieur, la situation de leurs engagements, éventuels ou liquides, et des ressources correspondantes, en se conformant aux modèles qui leur sont fournis par l'administration compétente. Elles devront modifier, s'il y a lieu, leurs statuts d'après les résultats de ces inventaires au moins quinquennaux.

Art. 24. — Les pensions de retraites constituées par le livret individuel, à l'aide de la Caisse nationale des retraites ou d'une Caisse autonome, sont formées, en conformité des statuts, au moyen de versements effectués par la Société au compte de chacun de ses Membres participants. Ces versements proviennent : —1o De la cotisation spéciale que le sociétaire a lui-même acquittée en vue de la retraite ou de la portion de la cotisation unique prélevée en vue de ce service ; — 2o De tout ou partie des arrérages annuels du fonds commun inaliénable, s'il en existe un ; —

(1) Modifié par la loi du 31 mars 1903. page 146.

3⁰ Des autres ressources dont les statuts autorisent l'emploi en capital au profit des livrets individuels. — Les versements effectués par la Société sur le livret individuel le sont à capital aliéné ou à capital réservé, au profit de la Société, suivant que les statuts en auront décidé. — Quant aux versements qui proviennent des cotisations du Membre participant, ils peuvent être, au choix de ce Membre, faits a capital aliéné ou à capital réservé au profit de ses ayants droit. — Pour la liquidation des pensions de retraites constituées à capital aliéné et à jouissance immédiate par les Sociétés de secours mutuels, les tarifs à la Caisse nationale des retraites seront calculés jusqu'à quatre-vingts ans.

Art. 25. — En dehors des retraites garanties ou non garanties constituées, soit à l'aide des fonds communs, soit au moyen du livret individuel, dans les conditions prévues aux articles 23 et 24, les Sociétés peuvent accorder à leurs Membres des allocations, non pas viagères, mais annuelles, prises sur les ressources disponibles. Le montant en sera fixé chaque année par l'Assemblée générale. Les titulaires sont désignés par elle, parmi les Membres âgés de plus de cinquante ans et ayant acquitté la cotisation sociale au moins pendant quinze ans. — Les statuts déterminent les autres conditions que doivent remplir les bénéficiaires. — Le service de ces allocations annuelles s'effectue à l'aide des arrérages du fonds commun inaliénable ou des autres ressources disponibles. — Une indemnité pécuniaire, fixée également chaque année en Assemblée générale et prélevée sur les fonds de réserve, peut être allouée aux Membres participants devenus infirmes ou incurables avant l'âge fixé par les statuts pour être admissibles à la pension viagère de retraite.

Art. 26. — A partir de la promulgation de la présente loi, les arrérages des dotations et les subventions annuellement inscrites au budget du ministère de l'intérieur au profit des Sociétés de secours mutuels seront employés à accorder à ces Sociétés des allocations : 1º pour encourager la formation des pensions de retraites à l'aide du fonds commun ou du livret individuel ; 2º pour bonifier les pensions liquidées à partir du 1er janvier 1895 et dont le montant, y compris la subvention de l'Etat, ne sera pas supérieur à 360 fr. ; 3º pour donner, en raison du nombre de leurs Membres, des subventions aux Sociétés qui ne constituent pas de retraites. — Pour chacune de ces affectations, la répartition du crédit aura lieu dans les proportions et suivant les barèmes arrêtés par le Ministre de l'Intérieur, après avis du Conseil supérieur. — Il sera, préalablement à toute répartition, opéré chaque année, sur les dotations et subventions, un prélèvement déterminé par le Conseil supérieur, qui ne pourra dépasser 5 p. 100 de l'actif total, pour venir en aide aux Sociétés de secours mutuels qui, par suite d'épidémies ou de toute autre cause de force majeure, seraient momentanément hors d'état de remplir leurs engagements. — Les subventions de l'Etat, en vue de la retraite par livret individuel, profiteront aux étrangers, lorsque leur pays d'origine aura garanti par un traité des avantages équivalents à nos nationaux. — Les pensions allouées sur le fonds commun ne pourront être servies aux étrangers que dans le cas où ils résideront en territoire français.

Art. 27. — Un règlement d'administration publique détermine les conditions et les garanties à exiger pour l'organisation des caisses autonomes que les Sociétés ou les unions pourront constituer, soit pour servir des pensions de retraites, soit pour réaliser l'assurance en cas de vie, de décès ou d'accident et, d'une manière générale, toutes les mesures d'application destinées à assurer l'exécution de la loi. — Les fonds versés dans ces Caisses devront être employés en rentes sur l'Etat, en valeurs du Trésor ou garanties par le Trésor, en obligations départementales ou en valeurs énumérées au paragraphe 1er de l'article 20. — La gestion de ces caisses sera soumise à la vérification de l'inspection des finances et au contrôle du receveur particulier de l'arrondissement du siège de la Caisse. — La Caisse des dépôts et consignations est tenue d'envoyer, dans le courant du premier trimestre de chaque année, aux Présidents des Sociétés de secours mutuels ayant constitué des pensions de retraites en faveur de leurs Membres participants, la liste des retraités qui, dans l'année précédente, n'auront pas touché leurs arrérages.

Art. 28. — Les Sociétés de secours mutuels qui accordent à leurs Membres ou à quelques-uns seulement des indemnités moyennes ou supérieures de 5 fr. par jour, des allocations annuelles ou des pensions supérieures de 360 fr. et des capitaux en cas de vie, ou de décès supérieurs à 3.000 fr., ne participent pas aux subventions de l'Etat et ne bénéficient ni du taux spécial d'intérêt fixé par les décrets des 26 mars 1852, 26 avril 1856, ni des avantages accordés par la présente loi sous forme de remise de droits d'enregistrement et de frais de justice. — Les Sociétaires qui s'affilieront à plusieurs Sociétés en vue de se constitner une pension supérieure à 360 fr. ou des capitaux en cas de vie ou de décès supérieurs à 3.000 fr., seront exclus des Sociétés de secours mutuels dont ils font partie, sous peine, pour la Société, de perdre les avantages concédés par la présente loi.

Art. 29. — Dans les trois premiers mois de chaque année, les Sociétés de secours mutuels approuvées doivent adresser au Ministre de l'Intérieur, par l'intermédiaire des Préfets et dans les formes prescrites, indépendamment de la statistique exigée

par l'article 7, le compte rendu de leur situation morale et
financière. — Elles sont tenues de communiquer leurs livres,
registres, procès-verbaux et pièces comptables de toute nature
aux Préfets, Sous-Préfets ou à leurs délégués. Cette communication a lieu sans déplacement, sauf le cas où il en serait autrement ordonné par arrêté du Préfet. — Les infractions aux
prescriptions du paragraphe 2 du présent article seront punies
d'une amende de 16 à 500 fr.

Art. 30. · Dans le cas d'inexécution des statuts ou de violation
des dispositions de la présente loi, l'approbation peut être retirée
par un décret rendu en Conseil d'Etat sur la proposition motivée
du Ministre de l'Intérieur et après avis du Conseil supérieur
des Sociétés de secours mutuels, lequel sera convoqué dans le
plus bref délai. — La décision portant retrait d'approbation
sera susceptible d'un recours au contentieux devant le Conseil
d'Etat, sans ministère d'avocat et avec dispense de tous droits.

Art. 31. — Lorsque la dissolution d'une Société approuvée est
votée par l'Assemblée générale, conformément aux statuts, ou
ordonnée par le Tribunal, la liquidation est poursuivie sous la
surveillance du Préfet ou de son Délégué. — Il est prélevé sur
l'actif social, y compris le fonds commun inaliénable de retraites
déposé à la Caisse des dépôts et consignations et dans l'ordre
suivant : — 1º Le montant des engagements contractés vis-à-vis
des tiers ; — 2º Les sommes nécessaires pour remplir les enga·
gements contractés vis-à-vis des Membres participants, notamment en ce qui concerne les pensions viagères et les assurances
en cas de décès, de vie ou d'accidents ; — 3º a) Une somme
égale au montant des subventions et secours accordés depuis
l'origine de la Société par l'Etat, à titre inaliénable, sur les
fonds de la dotation ou autres, pour être, ladite somme, versée
au compte de la dotation des Sociétés de secours mutuels ; —

b) Des sommes égales au montant des subventions et secours accordés depuis l'origine de la Société par les départements et les communes, à titre inaliénable, pour être, lesdites sommes, réintégrées dans leurs caisses ; — *c*) Des sommes égales au montant des dons et legs faits, à titre inaliénable, pour être employées conformément aux volontés des donateurs et testateurs, s'ils ont prévu le cas de liquidation, ou, si leur volonté n'a pas été exprimée, pour être ajoutées au compte de dotation des Sociétés de secours mutuels. — Si, après le paiement des engagements contractés vis-à-vis des tiers et des sociétaires, il ne reste pas de fonds suffisants pour le plein des prélèvements prévus au paragraphe 3 ci-dessus, ces prélèvements auront lieu au marc le franc des versements faits respectivement par l'Etat, les départements, les communes, les particuliers. — Le surplus de l'actif social sera, s'il y a lieu, réparti entre les Membres participants appartenant à la Société au jour de la dissolution et non pourvus d'une pension ou indemnité annuelle, au prorata des versements opérés par chacun d'eux depuis leur entrée dans la Société, sans qu'ils puissent recevoir une somme supérieure à leur contribution personnelle. Le reliquat sera attribué au fonds de dotation.

TITRE IV

DES SOCIÉTÉS RECONNUES COMME ÉTABLISSEMENTS D'UTILITÉ PUBLIQUE

Art. 32. — Les Sociétés de secours mutuels et les unions sont reconnues comme établissements d'utilité publique par décret rendu dans la forme des règlements d'administration publique. — La demande est adressée au Préfet avec les pièces suivantes :

la liste nominative des personnes qui y ont adhéré et trois exemplaires des projets de statuts et du règlement intérieur.

Art. 33. — Les Sociétés reconnues comme établissements d'utilité publique jouissent des avantages accordés aux Sociétés approuvées. Elles peuvent, en outre, posséder et acquérir, vendre et échanger des immeubles, dans les conditions déterminées par le décret déclarant l'utilité publique. — Elles sont soumises aux obligations de l'article 11 qui précède.

TITRE V

CONSEIL SUPÉRIEUR. — RAPPORTS ANNUELS. — TABLES STATISTIQUES.

Art. 34. — Il est institué près le Ministère de l'Intérieur un Conseil supérieur de Sociétés de secours mutuels. Ce conseil est composé de trente-six membres, savoir : — Deux sénateurs élus par leurs collègues ; — Deux députés élus par leurs collègues ; — Deux conseillers d'Etat élus par leurs collègues ; — Un délégué du Ministre de l'Intérieur ; — Un délégué du Ministre de l'Agriculture ; — Un délégué du Ministre du Commerce ; — Un membre de l'Académie des sciences morales et politiques, désigné par l'Académie ; — Un membre du Conseil supérieur du travail nommé par ses collègues ; — Deux membres agrégés de l'Institut des actuaires français, désignés par le Ministre de l'Intérieur ; — Le directeur général de la comptabilité au Ministère des Finances ; — Le directeur du mouvement général des fonds au même ministère ; — Le directeur général de la Caisse des dépôts et consignations ; — Un membre de l'Académie de médecine, désigné par l'Académie, et un représentant des syndicats médicaux, élu par les délégués de ces syndicats dans les formes qui seront déterminées par un règlement d'administration publique (1) ; — Dix-huit représentants de Sociétés de secours mutuels, dont six appartenant aux sociétés libres, élus par les délégués des Sociétés dans les formes qui seront déterminées par un règlement d'administration publique (2). — Chaque représentant des Sociétés approuvées sera élu par un Collège comprenant un certain nombre de départements. — Cette division sera faite par le règlement d'administration publique à intervenir, de telle sorte que chaque Collège comprenne un nombre à peu près égal de mutualistes. — Tous les membres sont nommés pour quatre ans ; leurs pouvoirs sont renouvelables ; leurs fonctions sont gratuites. — Le Ministre de l'Intérieur est président de droit du Conseil supérieur des Sociétés de secours mutuels. — Le Conseil choisit parmi ses membres ses deux vice-présidents et son secrétaire. Il est convoqué par le ministre compétent au moins une fois tous les six mois et toutes les fois que cela lui paraîtra nécessaire. — Il reçoit communication des états statistiques et des comptes rendus de la situation financière fournis par les Sociétés de secours mutuels, ainsi que des inventaires au moins quinquennaux et des autres documents fournis par les Sociétés de secours mutuels, en exécution des articles 8, 23 et 29 ci-dessus. — Il donne son avis sur toutes les dispositions réglementaires ou autres qui concernent le fonctionnement des Sociétés de secours mutuels, et notamment sur le mode de répartition des subventions et secours qui seront attribués sur les mêmes bases et dans les mêmes proportions pour les retraites constituées soit à l'aide du fonds commun, soit à l'aide de livrets individuels.

(1) D. 13 juin 1899.
(2) D. 2 mai 1899.

Art. 35. — Sept membres nommés par le ministre, dont quatre pris parmi ceux qui procèdent de l'élection, constituent une section permanente. — La section permanente a pour fonction de donner son avis sur toutes les questions qui lui sont renvoyées soit par le Conseil supérieur, soit par le Ministre. — Le Ministre de l'Intérieur soumet chaque année, au Président de la République, un rapport, qui est présenté au Sénat et à la Chambre des députés, sur les opérations des Sociétés de secours mutuels et sur les travaux du Conseil supérieur.

Art. 36. — Dans un délai de deux ans après la promulgation de la présente loi, les Ministres de l'Intérieur et du Commerce feront établir des tables de mortalité et de morbidité applicables aux Sociétés de secours mutuels.

DISPOSITIONS TRANSITOIRES

Art. 37. — Les Sociétés de secours mutuels antérieurement autorisées ou approuvées sont tenues, dans le délai de deux ans, de se conformer aux prescriptions de la présente loi. Jusqu'à l'expiration de ce délai, elles continueront à s'administrer conformément à leurs statuts. — Les Sociétés approuvées, qui ne solliciteront pas, dans ce délai, ou n'obtiendront pas l'approbation de leurs statuts, devront placer leurs fonds communs en valeurs nominatives, conformément à l'article 20 ci-dessus, et déposer leurs titres à la Caisse des dépôts et consignations. L'inexécution de ces dispositions entraînera l'application des articles 10 et 30 de la présente loi. — Toutefois, les Sociétés qui assurent leurs Membres exclusivement contre la maladie sont dispensés de solliciter de nouveau cette approbation. — Le Ministre de l'Intérieur, après avis du Conseil supérieur prévu à l'article 34, déterminera dans quelle mesure il pourra être fait exception, pour le passé, aux prescriptions de l'article 2 en faveur des Sociétés de secours mutuels qui, établies en vue de l'assurance contre la maladie, auront accordé certains avantages à ceux de leurs Membres entrés dans la Société à un âge relativement avancé et n'ayant pu arriver à la liquidation de leur pension en satisfaisant aux conditions normales de stage.

Art. 38. — Les articles 13, 18, 19 et 21 de la présente loi, à l'exception, pour ce dernier, de ce qui concerne le fonds commun, s'appliquent aux Sociétés régulièrement constituées, en conformité du titre III de la loi du 29 juin 1894 dont l'article 20 est abrogé.

Art. 39. — Le décret-loi du 27 mars 1852 est ainsi modifié :
— « Les personnes auxquels le gouvernement de la République aura accordé des médailles d'honneur, en leur qualité de membre d'une Société de secours mutuels, libre ou approuvée, pourront porter publiquement ces récompenses. »

Art. 40. — Les Syndicats professionnels constitués légalement aux termes de la loi du 21 mars 1884, qui ont prévu dans leurs statuts les secours mutuels entre leurs membres adhérents, bénéficieront des avantages de la présente loi, à la condition de se conformer à ses prescriptions.

Art. 41. — Toutes les dispositions contraires à la présente loi sont abrogées.

TITRE 1

DISPOSITIONS GÉNÉRALES A TOUTES LES SOCIÉTÉS DE SECOURS MUTUELS

I

De l'objet des Sociétés de secours mutuels

Le législateur de 1898 a défini la Société de secours mutuels dans son article premier.

On lui a reproché, au nom de la liberté, le fait même de cette définition, dont le caractère limitatif rejette, en dehors des dispositions de la loi, tout ce qui n'entre pas exactement dans le texte.

Cette conséquence est regrettable, mais ne suffit pas, pour condamner en principe la définition : celle-ci a, en effet, l'utilité de fixer le progrès acquis, et le mérite de guider dans le choix des modifications, que l'on pourra songer à apporter à la législation actuelle.

Du reste, la loi de 1898, par l'extension qu'elle a donnée au domaine de la Mutualité et par la liberté plus grande qu'elle a accordée aux Sociétés de secours mutuels, réalise un grand progrès sur la législation précédente, et cela doit atténuer les regrets de ceux que chagrine cette limitation.

Quant à nous, qui ne voulons voir dans la loi de 1898, qu'une étape vers une institution, qui n'atteindra sa perfection qu'après de nouvelles étapes, nous savons gré au législateur d'avoir craint, qu'une liberté trop grande ne soit une expérience trop dangereuse, et d'avoir évité ainsi, qu'une faculté accordée mal à propos ne dégénérât en abus.

Voici, du reste, les termes de cette définition :

Les Sociétés de secours mutuels sont des associations de prévoyance qui se proposent un ou plusieurs des buts suivants : assurer à leurs membres participants et à leurs familles des secours en cas de maladie, blessures ou infirmités ; leur constituer des pensions de retraites, contracter à leur profit, des assurances individuelles ou collectives en cas de vie, de décès ou d'accidents ; pourvoir aux frais de funérailles et allouer des secours aux ascendants, aux veufs, veuves ou orphelins des membres participants décédés.

Auparavant l'assurance pratiquée par les Sociétés de secours mutuels s'arrêtait aux membres participants, il n'en est plus ainsi maintenant : elle peut garantir toute la famille.

C'est un progrès, au point de vue du résultat social, mais c'est aussi l'application d'une idée de justice, qui était méconnue lorsque le chef de la famille, seul, était assuré contre les risques de l'existence.

Les pensions de retraites, que les Sociétés de secours mutuels peuvent constituer au profit de leurs membres, sont individuelles ou collectives, c'est une autre innovation de la loi de 1898.

Nous donnerons notre opinion sur ce point, lorsque nous en arriverons à parler plus spécialement de l'organisation de retraites.

Sous le nom de but accessoires, la loi de 98 autorise les Sociétés de secours mutuels à créer, au profit de leurs membres, des cours professionnels, des offices gratuits de placement et à leur accorder des allocations en cas de chômage.

Ces innovations sont très intéressantes, en effet elles agrandissent le domaine de la Mutualité, et étendent vers ses limites naturelles, son champ d'action, qui devrait comprendre tous les risques, quels qu'ils soient.

Mais remarquons immédiatement que ces buts ne doivent pas être visés exclusivement.

Ainsi ne participeraient pas aux faveurs accordées aux Sociétés de secours mutuels, celles qui se contenteraient d'organiser des cours professionnels, des offices gratuits de placement, ou des allocations en cas de chômage, sans prévoir de secours pour leurs malades ou leurs vieillards.

Aucune difficulté ne pouvait naître de création d'offices gratuits de placement.

Il n'en était pas de même pour les cours professionnels et pour les Caisses de chômage.

Les cours professionnels nécessitent des professeurs spéciaux rétribués, et l'on fit remarquer qu'il ne pouvait être question d'imputer cette dépense sur les primes versées en vue de la maladie et de la vieillesse, qui restent le but essentiel de la Mutualité.

Mais l'objection n'était pas sérieuse, il suffisait de n'autoriser la Société à pourvoir à cette dépense, qu'au moyen d'une cotisation spéciale, c'est ce qui fut décidé.

En ce qui concerne les allocations de chômage, les divergences étaient plus graves.

On objectait à cette disposition, qu'elle ferait courir un danger aux Sociétés de secours mutuels, en ce sens, qu'elle compromettrait infailliblement le but essentiel, qui est le secours en cas de maladie.

En effet, disait-on, le chômage peut être très long et absorber tout l'avoir de la Société.

Mais cette critique ne porta pas, car on répondit immédiatement, qu'il serait pourvu aux allocations de chômage, au moyen d'une cotisation spéciale.

On craignait aussi que ces allocations ne favorisassent les grèves, et on faisait remarquer, que les faveurs accordées aux Sociétés de secours mutuels seraient une prime légale à la grève, si on permettait à ces Sociétés d'allouer des secours en cas de chômage.

Prise sous cet aspect, la question était sérieuse : elle fut longuement examinée.

On conclut que les craintes étaient vaines, puisque les Sociétés de secours mutuels comprenaient des ouvriers de professions diverses, et l'on espérait que les professions qui ne chômeraient pas, ne laisseraient pas les autres faire la grève à leurs dépens.

Et la disposition passa.

II

Caractères essentiels des Sociétés de secours mutuels

Le législateur, soucieux de ne pas laisser dégénérer son œuvre, ne s'est pas borné à indiquer le but possible d'une Société de secours mutuels, il s'est aussi occupé des caractères qu'elle devait essentiellement présenter.

Craignant que l'idée de spéculation ne s'introduisît dans ces institutions philanthropiques, il a expressément écarté du domaine de la loi les associations qui, « tout en organisant sous un titre quelconque, tout ou partie des secours prévus à l'article premier, créent au profit de telle ou telle catégorie de leurs membres, au détriment des autres, des avantages particuliers ». (Art. 2).

Et il ajoute : « Les Sociétés de secours mutuels sont tenues de garantir à tous leurs membres participants, les mêmes avantages. »

Cela veut dire, que le contrat de Mutualité ne sera un contrat aléatoire que dans une certaine mesure : il est licite de compter sur les aléas d'une maladie possible et d'une vieillesse plus ou moins prolongée, mais c'est tout, il ne faut pas que la cotisation apportée par le mutualiste ne soit que le paiement d'un billet de loterie.

L'égalité de traitement entre les membres n'existe pas, dans certaines Sociétés qui promettent à leurs membres la jouissance des intérêts produits par le capital social, après le paiement d'une prime pendant un temps plus ou moins long ; nous expliquerons comment dans un instant.

Aussi, le législateur a visé ces Sociétés pour les exclure.

C'était, entre autres, le cas de la Société des « Prévoyants de l'Avenir », dont le mécanisme ingénieux aboutissait à un régime de privilèges scandaleux en faveur des fondateurs.

Lors des discussions préparatoires de la loi, on a dit devant les Chambres comment fonctionnaient ces Sociétés :

« Chaque sociétaire paie une prime annuelle pendant 20 ans, et au bout de ce laps de temps, il participe au partage de l'intérêt fourni par le capital de la Société pendant l'année écoulée. » (Lourties. Sénat.)

Il apparaît immédiatement que, pendant les vingt premières années, le capital augmentera dans de grandes proportions, tant par les primes des nouveaux membres, que par les intérêts auxquels on ne touchera pas, puisqu'aucun des sociétaires n'aura encore atteint les vingt années nécessaires pour avoir droit au partage des intérêts.

Aussi, au bout de la vingtième année, la Société fournira-t-elle un assez bel intérêt à ceux qui auront été ses premiers adhérents, c'est-à-dire à ses fondateurs.

Mais à partir de cette époque, le capital augmentera beaucoup moins, puisque les intérêts seront consommés à mesure.

D'autre part, le nombre des sociétaires partageant les revenus, grandira d'année en année, et la part de chacun diminuera dans les mêmes proportions.

A la suite de ces explications, le législateur a refusé à

ces sortes de Sociétés le titre de Sociétés de secours mutuels.

Il fallait, en effet, éviter qu'un discrédit quelconque ne tombât sur la Mutualité, ce qui serait fatalement arrivé, si les fondateurs des Sociétés de secours mutuels avaient pu faire des spéculations semblables à celles que nous venons de reprocher aux fondateurs des « Prévoyants de l'Avenir ».

III

Formation des Sociétés de secours mutuels (ART. 4)

Au point de vue de la formation des Sociétés de secours mutuels, la loi inaugure un principe nouveau : autrefois, il était nécessaire de soumettre préalablement les statuts au préfet, puis d'obtenir l'approbation ou l'autorisation.

Cela n'est plus.

Il suffit au fondateur de déposer en doubles exemplaires, à la Sous-Préfecture de l'arrondissement, ou à la Préfecture du département où la Société a son siège social : 1° les statuts de l'Association ; 2° la liste des noms et adresses de toutes les personnes qui, à un titre quelconque, seront chargées de l'administration de la Société. Un récépissé est délivré au moment de ces dépôts, soit par la Sous-Préfecture, soit par la Préfecture.

Moyennant cela, et à condition de respecter les prescriptions des articles 3 et 5, dont nous aurons à parler dans un instant, une Société de secours mutuels acquiert une existence légale.

On a reproché au législateur ces deux articles 3 et 5, sous prétexte qu'ils portaient atteinte à la liberté des Sociétés de Secours mutuels.

A notre avis, cela est confondre la liberté avec l'anarchie, qui elle, est l'ennemie de toute liberté.

En effet l'article 3 s'occupe de la composition et de l'organisation des Sociétés de secours mutuels, et l'article 5 de leurs statuts.

Ces deux articles imposent à ces nouvelles personnes morales, que sont les sociétés de secours mutuels, un peu d'ordre et de publicité, et les obligent aussi à fournir aux sociétaires eux-mêmes des garanties de bonne administration.

Or cela nous paraît très légitime, car l'Etat, tuteur naturel de tout citoyen, ne peut se désintéresser complètement des rapports des membres de la Société, avec la Société de secours mutuels elle-même.

IV

De la Composition des Sociétés de Secours mutuels (ART. 3)

En ce qui concerne la composition d'une Société de secours mutuels, la loi de 1898 déroge sur certains points, à la fois au droit commun et à la législation antérieure, et ses dispositions empreintes du plus grand libéralisme, semblent surtout avoir été écrites pour effacer les restrictions arbitraires qui la précédaient.

Une Société de secours mutuels peut comprendre des membres participants et des membres honoraires.

a) Les membres participants, leur nom l'indique, sont le but même de la Société ; c'est à eux, que sont destinés les secours et les pensions.

Tout individu en principe peut être membre participant d'une Société de secours mutuels, et, par dérogation au droit commun, les femmes mariées et les mineurs n'ont besoin pour cela, d'aucune autorisation de leurs représentants légaux.

Les femmes mariées peuvent même créer des Sociétés de secours mutuels, dans les mêmes conditions.

b) Les membres honoraires, dont l'existence est aujourd'hui toujours facultative, tandis qu'autrefois elle était, dans certains cas obligatoire, ne participent à aucun des bénéfices de la Société, quoiqu'ils paient une cotisation. Pour eux, la Société de secours mutuels est une œuvre philantropique, à laquelle ils apportent leurs soins et leur argent.

Nous n'osons, qu'avec peine, critiquer ce beau geste, mais la présence des membres honoraires dans une Société de secours mutuels ne correspond pas à notre idéal.

Par ce côté en effet, la Société de secours mutuels ressemble trop à un patronage, et nous ne voudrions que la Mutualité fut mieux qu'un patronage.

Les Sociétés de secours mutuels devraient être aussi bien une école de prévoyance qu'un organe de secours ; or il serait bon, pour l'éducation de la classe ouvrière, qu'elle prit un peu d'initiative, et qu'elle ne fut pas toujours sous la tutelle de la classe dirigeante.

A notre avis, une Société de secours mutuels, dirigée et administrée par ceux-là même que l'on veut rendre prévoyants, serait une école excellente.

Et si nous ne craignions d'être paradoxal, nous dirions qu'une Société de secours mutuels, où l'administration est complètement abandonnée aux membres honoraires, ne remplit pas son but.

En effet, ainsi éloigné du mécanisme, le sociétaire ne comprend pas le lien de solidarité qui le lie à tous les membres de la Société, et pour lui la Société de secours mutuels ne fonctionnera jamais que comme une loterie et une tombola.

Les statuts des Sociétés de secours mutuels peuvent contenir, comme le conseille l'art. 3, des dispositions spéciales pour faciliter l'admission des membres honoraires à titre de membres participants, à la suite de revers de fortune, ce qui rendrait plus normale leur présence.

Ajoutons à ces considérations, qu'en l'état actuel des choses, la présence des membres honoraires est indispensable aux Sociétés de secours mutuels, d'abord pour leur formation, et ensuite pour leurs premiers besoins d'argent.

C'est seulement lorsqu'une Société de secours mutuels sera complètement organisée, que nous serons heureux de la voir se passer complètement de membres honoraires.

V

De l'Administration (ART. 3)

L'administration d'une Société de secours mutuels doit être confiée à un bureau. Ce bureau ne peut être composé que de français majeurs, non déchus de leurs droits civils ou civiques, choisis parmi les membres participants ou honoraires de la Société.

Les femmes peuvent également participer à l'administration, mais avec réserve, si elles sont mariées, d'obtenir l'autorisation du mari, car en administrant, une femme peut s'obliger personnellement.

Le bureau qui administre la Société est formé à l'élection, et le vote a lieu au bulletin secret.

En ce qui concerne les étrangers, les sociétés de secours mutuels constituées entre eux, ne peuvent exister qu'en vertu d'un arrêté ministériel, toujours révocable.

VI

Les Statuts (ART. 5)

L'article 5 mentionne ce que doivent contenir les statuts : Les statuts doivent indiquer le siège social de la Société, qui ne peut être situé ailleurs qu'en territoire français. Ils doivent énumérer les conditions nécessaires pour prétendre à faire partie de la Société, soit comme membre participant, soit comme membre honoraire, et également les causes d'exclusion ; dire quel mode de composition et d'élection du bureau a été choisi ; la nature et la durée des pouvoirs du bureau ; de quelle manière l'assemblée générale prononcera ses décisions ; si l'on admet le vote par procuration et de quelle façon.

Les statuts doivent également déterminer comment la Société de secours mutuels peut provoquer sa dissolution, et le nombre de voix qui doit être atteint dans une Assemblée générale réunie à cet effet.

Il faut aussi que les statuts s'occupent tout spécialement de régler la façon dont le bureau administrera les intérêts qui lui sont confiés.

Les statuts doivent en outre fixer le chiffre de la cotisation à payer et par les membres participants et par les membres honoraires, et le mode d'emploi des fonds ainsi recueillis.

Ils déterminent également quels secours seront distribués et dans quelles conditions ; et spécialement si la société constituera des retraites ; comment celles-ci seront organisées : au moyen de quels fonds ; si ces fonds seront prélevés sur les cotisations ; et quel sera ce prélèvement.

Enfin quel sera le chiffre des pensions et comment elles seront acquises.

Si les Sociétés de secours mutuels ne prennent pas d'engagements fixes de servir des retraites, mais décident d'en accorder, lorsque les ressources de la Société le permettront, elles doivent le prévoir dans leurs statuts.

Enfin les statuts doivent indiquer les conditions d'une dissolution, et fixer les bases sur lesquelles se fera la liquidation à intervenir ensuite.

VII

Assemblées générales (ART. 6)

Il a été dérogé au droit commun pour rendre plus rapides et moins onéreuses certaines formalités qui accompagnent les Assemblées générales.

L'article 6 déclare que dans le cas où les statuts autoriseront le vote par procuration, le pouvoir pourra être confié à un sociétaire par acte sous-seing privé, affranchi de tous droits de timbre et d'enregistrement.

De la rédaction de l'article, il ressort clairement que seuls les sociétaires peuvent être porteurs de ces pouvoirs.

VIII

Contestations sur la validité des opérations électorales

(ART. 6)

S'il s'élève des contestations sur la validité des opérations électorales, il est fait usage d'une procédure spéciale, destinée à éviter les longueurs du droit commun.

Le délai dans lequel la contestation est admise est de 15 jours à dater de l'élection ; passé ce délai, les réclamations ne sont plus reçues.

Puis c'est le Juge de Paix du siège de la Société, qui est compétent pour en juger ; il est instruit de cette contestation par une simple déclaration au Greffe.

Il rend son jugement dans les 15 jours après la convocation des parties en cause.

Cette convocation se fait par un simple avertissement, trois jours avant l'audience.

Pour cela, il n'est besoin d'observer aucune forme de procédure, et il ne doit être fait aucun frais.

La décision du Juge de Paix, statuant sur les contestations relatives aux opérations électorales, est en dernier ressort, c'est-à-dire qu'elle n'est pas susceptible d'appel, mais elle peut être déférée à la Cour de Cassation, dans le but de la faire casser, pour vice de forme ou fausse application de la loi.

Le pourvoi n'est recevable, que s'il est formé dans les 10 jours de la notification de la décision.

Il est dispensé du ministère d'un avocat à la Cour de Cassation, et il est formé par une simple requête déposée au Greffe de la Justice de Paix.

La transmission s'opère, par l'intermédiaire du Parquet, au Greffe de la Cour de Cassation.

Le pourvoi doit en outre être signifié à ceux contre qui il est fait dans les 10 jours de son dépôt.

La Cour de Cassation juge d'urgence, c'est-à-dire que l'affaire n'est pas inscrite à la suite du rôle, et n'attend pas son tour.

Le tout sans frais, ni amende.

Les pièces et mémoires, que les parties veulent fournir à la Cour de Cassation, sont transmis sans frais, par le greffier de la Justice de Paix, au greffier de la Cour de Cassation.

Devant la Cour de Cassation, on évite l'intermédiaire de la Chambre des requêtes, et c'est la Chambre civile qui statue immédiatement sur le pourvoi.

Tous les actes nécessaires de cette procédure sont dispensés des droits de timbre et d'enregistrement.

IX

Contrôle administratif (ART. 7)

Le législateur a prévu et préparé l'amélioration de son œuvre.

En effet, afin que l'on puisse juger des résultats acquis, et parer aux difficultés qui viendraient à surgir, et aussi sans doute, pour élaborer de nouvelles réformes, « les » Sociétés de secours mutuels doivent, dans les trois pre- » miers mois de chaque année, adresser par l'intermédiaire » des préfets, au Ministre de l'Intérieur et dans les formes » qui seront déterminées par lui (1) la statistique de leur » effectif, du nombre et de la nature des cas de maladies » de leurs membres, telle qu'elle est prescrite par la loi du » 30 novembre 1892. (Article 7.) »

X

Les Unions (ART. 8)

Il est permis aux Sociétés de secours mutuels de s'unir entre elles; c'est à notre avis, une idée parmi les meil- leures de la loi nouvelle.

(1) Circulaire du 29 juillet 1899. L. N. 1900-3-228.

Auparavant, ces unions étaient prohibées, mais elles existaient en fait et les autorités fermaient les yeux.

Une raison de principe milite en faveur de ces unions : en effet, le rôle de la Mutualité étant un rôle répartiteur des risques, il s'ensuit que le résultat sera d'autant plus parfait que la répartition se fera sur un plus grand nombre.

Voici, du reste en pratique, à quoi servent ces unions dans lesquelles les Sociétés de secours mutuels doivent cependant conserver leur autonomie :

Leur objet est : art 8. — *a*) L'organisation en faveur des membres participants, des soins et secours énumérés dans l'article premier, notamment la création de pharmacies, dans les conditions déterminées par les lois spéciales sur la matière ; *b*) l'admission des membres participants qui ont changé de résidence ; *c*) le règlement de leurs pensions viagères de retraites ; *d*) l'organisation d'assurances mutuelles pour les risques divers auxquels les Sociétés se sont engagées à pourvoir, notamment la création de caisses de retraites et d'assurances, communes à plusieurs Sociétés, pour les opérations à long terme et les maladies de longue durée ; *e*) le service des placements gratuits.

XI

La Réassurance des Sociétés de secours mutuels
(ART. 9)

Une loi du 11 juillet 1868 a créé deux caisses d'assurances, l'une en cas de décès, l'autre contre les accidents.

Ces caisses assurent, moyennant un versement périodique, un secours à l'ouvrier victime d'un accident de travail, ou à sa femme et à ses enfants lors de son décès.

Les Sociétés de secours mutuels ont été admises et même invitées à pratiquer une sorte de réassurance, en s'assurant à ces caisses, contre les décès ou les accidents susceptibles d'arriver à leurs membres (art. 9.)

Le but de cet article 9 était de remédier à une situation de fait.

En effet, la plupart des Sociétés de secours mutuels auraient pu se composer d'artisans appartenant à toutes sortes de professions, mais en fait, elles refusaient leur entrée aux ouvriers de professions dangereuses, dont les risques nombreux les auraient exposées à la ruine.

Or, en permettant aux Sociétés de secours mutuels d'assurer leurs membres à une caisse de l'Etat, et de se décharger ainsi de ce surplus de risques que leur apportent les ouvriers de professions dangereuses, on voulait faire disparaître ce motif de crainte.

Ces assurances peuvent du reste se cumuler avec les assurances individuelles.

Mais les Sociétés de secours mutuels n'ont pas usé de cette institution, parce que l'assurance ainsi offerte est collective, et que c'est toute la Société qui est assurée.

Décider en ce cas que l'adhésion de l'unanimité des membres n'est pas nécessaire pour pratiquer cette assurance, c'est faire application partielle du principe de l'assurance obligatoire, principe répudié aujourd'hui.

Aussi, ne s'est-il pas établi de rapports entre les caisses d'assurances et les Sociétés de secours mutuels.

XII

Sanctions. — Dissolutions (ART. 10 et 11)

Les infractions à la loi du 1er avril 1898 sont punies conformément à l'article 10 : les administrateurs et les directeurs sont passibles d'une amende de 1 à 15 francs inclusivement.

En cas de fausses déclarations, ayant pour but de dissimuler la véritable nature de l'association, l'amende sera de 16 à 500 francs.

Du reste en ce cas la dissolution de la Société pourra être prononcée.

Il en serait de même, au cas où la Société viendrait à être détournée de son but primitif.

Il y a deux dissolutions possibles : la dissolution forcée et la dissolution volontaire. Voici comment la loi organise la procédure de dissolution forcée :

Si une Société est détournée de son but de Société de secours mutuels, et si trois mois après un avertissement donné par arrêté du préfet du département, cette Société persiste à ne pas se conformer aux prescriptions légales, ou aux dispositions de ses statuts, la dissolution pourra en être prononcée par le Tribunal civil de l'arrondissement.

Remarquons immédiatement qu'en substituant ici la

dissolution judiciaire à la dissolution administrative, qui était seule connue jusque-là, le législateur a proclamé l'indépendance des Sociétés de secours mutuels, vis-à-vis de l'administration

Voici comment s'accomplira l'instance devant le juge civil :

Le ministère public introduira l'action en dissolution par un mémoire présenté au président du tribunal, énonçant les faits, et accompagné de pièces justificatives.

Ce mémoire sera notifié au président de la Société avec assignation à jour fixe.

Le tribunal jugera en audience publique, sur la réquisition du procureur de la République, le président de la Société entendu ou lui dûment appelé.

Ce jugement sera susceptible d'appel, l'assistance de l'avoué ne sera obligatoire, ni en première instance, ni en appel.

Le jugement qui prononcera la dissolution, désignera en même temps un administrateur, chargé de procéder à la liquidation définitive.

La dissolution d'une Société de secours mutuels peut aussi être volontaire, et ici la législation antérieure se trouve également modifiée.

L'approbation administrative n'est plus nécessaire : il suffit à une Société pour se dissoudre de le faire suivant certaines règles, et d'opérer la liquidation prévue par les statuts.

Cela est indiqué dans l'article 11 de la loi :

La dissolution volontaire d'une Société ne peut être prononcée que dans une Assemblée convoquée à cet effet, par un avis indiquant l'objet de la réunion; et à la condition de grouper à la fois une majorité des trois-quarts des membres présents et la majorité des inscrits.

La liquidation qui suit la dissolution s'opère conformément aux statuts.

Quant aux cotisations, elles ne sont dues que jusqu'au jour de la dissolution, et ce'les échues à ce jour peuvent seules être encaissées.

Si la dissolution est judiciaire, l'administrateur désigné par le tribunal reçoit communication des livres, registres, procès-verbaux et pièces de toute nature.

Cette communication a lieu sans déplacement, sauf le cas où le tribunal en ordonnerait autrement.

Une fois terminée la liquidation est homologuée sans frais à la diligence du Procureur de la République.

XIII

Incessibilité et Insaisissabilité (ART. 12)

Toutes les allocations (secours, pensions, contrats d'assurances), distribuées aux mutualistes par les Sociétés de secours mutuels, sont incessibles et insaisissables jusqu'à concurrence de 300 francs par an pour les rentes, et de 3.000 francs par an pour les capitaux assurés.

Notons que sans cette disposition les capitaux auraient été saisissables en totalité.

XIV

Perconnalité juridique (ART. 13)

Toutes les Sociétés qui se conforment aux principes généraux exprimés dans le titre premier de la loi, acquièrent une certaine capacité juridique ; en effet, elles ont le droit d'ester en justice, tant en demandant qu'en défendant, par le président ou par un délégué ayant mandat spécial à cet effet.

XV

Frais de Justice (ART. 13)

En ce qui concerne les frais des procès que les Sociétés de secours mutuels peuvent avoir à soutenir, le législateur, à notre avis, ne s'est pas montré assez large, puisqu'il ne leur offre l'assistance judiciaire que selon le droit commun, c'est-à-dire si elles sont complètement dénuées de ressources, et elles devront en ce cas fournir un certificat d'indigence et un autre de non-imposition.

Lors de la discussion de la loi, on a demandé que l'assistance judiciaire fut accordée de plein droit aux Sociétés de secours mutuels ; nous regrettons que cette opinion n'ait pas prévalu.

TITRE II

Classification des Sociétés de Secours Mutuels

Les articles que nous avons commentés jusqu'ici, sont, comme l'indique le titre I, des dispositions communes à toutes les Sociétés de secours mutuels, autrement dit ce sont les principes généraux en la matière.

Mais le législateur a entendu faire des distinctions, et accorder des avantages aux Sociétés qui se plieraient le plus à sa direction.

De là une division tripartite en :

1° Sociétés libres.

2° Sociétés approuvées.

3° Sociétés reconnues d'utilité publique.

I. — Sociétés libres

Les Sociétés libres, par une bizarre conséquence de l'antimonie qui existe parfois entre le sens étymologique des mots, et celui que la loi leur laisse, sont sujettes à beaucoup plus de restrictions, que celles qui ne sont pas libres.

Du reste ce résultat n'est pas fait pour nous étonner ; la vraie liberté, nous l'avons déjà dit, ne peut exister que sous la réglementation et la protection des lois.

Nous en voyons un exemple ici : les Sociétés libres sont celles qui veulent se créer et vivre en dehors de tout contrôle, mais leur liberté essentiellement négative consiste simplement à se priver de la protection bienveillante des pouvoirs publics, et à rester isolées sans la lutte pour la vie dont la solution normale est la victoire du plus fort et non du plus méritant.

Nous ne souhaitons pas leur échec, au contraire, puisque notre désir est de voir les Sociétés de secours mutuels se passer des subventions de l'Etat.

Mais en fait, ces Sociétés libres seraient impuissantes, sans les cotisations que leur apportent de nombreux membres honoraires : sans cet apport, leur existence et surtout leur longévité seraient bien problématiques.

La capacité des Société   de secours mutuels libres est déterminée par l'article 15, elles peuvent recevoir et employer les sommes provenant des cotisations des membres honoraires et participants et généralement faire des actes de simple administration.

Elles sont autorisées à posséder des objets mobiliers. Elles peuvent prendre des immeubles à bail, mais seulement, pour l'installation de leurs divers services.

S'il leur est fait des dons et legs mobiliers, elles ne peuvent les accepter qu'avec l'autorisation du Préfet.

Elles ne sauraient acquérir aucun immeuble, à quel titre que ce soit, c'est-à-dire ni à titre gratuit, ni à titre onéreux.

Exception toutefois est faite, s'il s'agit d'immeubles exclusivement destinés à leur service d'administration ou d'organisation.

S'il est fait un don ou un legs immobilier à une Société

de secours mutuels libre, elle ne peut bénéficier de cette libéralité qu'à charge d'aliéner cet immeuble et en même temps, d'obtenir l'autorisation du Préfet, comme lorsqu'il s'agit de dons et legs mobiliers.

A défaut d'obtenir cette autorisation, la nullité de ce don ou legs serait prononcée par le Tribunal civil, soit sur la demande des parties intéressées, soit sur les réquisitions du ministère public.

Lorsque le donataire a négligé d'indiquer quel emploi doit être fait de sa libéralité, cet emploi est déterminé par l'arrêté préfectoral qui contient l'autorisation de recevoir le legs.

Mais si les héritiers du donataire attaquent la libéralité, l'autorisation nécessaire aux Sociétés de secours mutuels libres pour recevoir cette libéralité, ne peut plus être donnée que par décret du Président de la République, le Conseil d'Etat entendu.

II. — Les Sociétés de Secours Mutuels approuvées

I

L'approbation est une marque de confiance, aussi les Sociétés approuvées ont d'abord tous les droits accordés aux Sociétés libres, et elles jouissent en plus des avantages que la loi énumère sous le titre trois. (1)

Pour être approuvée, une Société de secours mutuels doit d'abord le demander. Cette approbation ne peut être refusée que si les statuts contiennent des clauses illicites, ou s'ils ne prévoient pas « des recettes proportionnées aux

(1) Modifié par la loi du 2 juillet 1904, page 147.

dépenses pour la constitution des retraites garanties ou des assurances en cas de vie, de décès ou d'accidents. »

Lorsque la demande d'approbation a été faite, l'autorité compétente doit se prononcer dans les trois mois, le refus doit être motivé, et il est susceptible d'un recours devant le Conseil d'Etat, ce recours est dispensé de tous frais et du ministère d'un avocat.

Tout changement, dans les statuts d'une Société approuvée, doit être l'objet d'une nouvelle demande d'approbation, car il va de soi que l'autorité administrative ne peut approuver que ce qui lui est soumis.

Cela aurait pu être sous-entendu, mais le législateur, se défiant de l'interprétation que l'on pourrait essayer de donner à ses textes, a ajouté expressément que pour l'approbation de nouveaux statuts, il serait procédé comme en matière de statuts primitifs.

II

Les avantages accordés aux Sociétés de secours mutuels approuvées, sont énumérés dans les articles 17 et suivants :

« Ces Sociétés peuvent, sous réserve de l'autorisation du Conseil d'Etat, recevoir des dons et legs immobiliers. Ceux parmi ces immeubles qu'elles ne sont pas autorisées à conserver, sont vendus à leur profit, et le décret qui autorise l'acceptation, doit prescrire dans quelle forme la vente aura lieu. »

Les communes dans lesquelles elles se créent, doivent fournir aux Sociétés de secours mutuels approuvées qui le demandent, les locaux nécessaires a leurs réunions, ainsi que les livrets et registres nécessaires à l'administration et à la comptabilité.

Si les ressources de la commune sont insuffisantes pour faire ces dépenses, elles incombent au département.

*
* *

Les Sociétés de secours mutuels qui supportent les frais funéraires de leurs membres décédés, ont dans les villes où il existe une taxe municipale, une remise des trois-quarts.

*
* *

Le législateur a cru, qu'il y avait lieu d'exempter de l'impôt les Sociétés de secours mutuels approuvées ; il a pensé avec raison, qu'il fallait faire cette libéralité à une institution qui lui la rendait dans une large mesure, en allégeant le fardeau de l'assistance publique.

Aussi exempte-t-il des droits de timbre et d'enregistrement tous les actes intéressant les Sociétés approuvées, sauf toutefois : « les transmissions de propriétés, d'usufruit, de biens meubles ou immeubles soit entre vifs, soit par décès (art. 19). »

III

L'ADMINISTRATION DES BIENS

L'article 20 prévoit les divers usages productifs de revenus, que les Sociétés de secours mutuels approuvées peuvent faire de leurs biens.

Elles peuvent faire des placements, acquérir des immeubles, faire des dépôts de capitaux à la Caisse des dépôts et consignations.

a) Placements. — Les Sociétés de secours mutuels approuvées ne peuvent à leur gré faire toutes sortes de placements. L'énumération faite par l'article 20, § 1, limite sur ce point leur liberté.

En effet, ces placements doivent être effectués : 1° soit en dépôt, aux Caisses d'épargne ou à la Caisse des dépôts et consignations ; 2° soit en titres de rente sur l'Etat, bons du Trésor ou en valeurs créées ou garanties par l'Etat, telles que obligations des départements et des communes, du Crédit Foncier de France et des Compagnies de chemins de fer.

Parmi ces titres ou valeurs, ceux qui sont « au porteur » doivent être déposés à la Caisse des dépôts et consignations, tandis que les titres « nominatifs » peuvent rester dans les caisses de la Société.

Nous savons, par les travaux préparatoires, quel est le motif de cette différence : on a craint que les titres au porteur ne soient détournés par des administrateurs infidèles, tandis qu'il n'y avait pas lieu à la même crainte pour les titres nominatifs. (Rapport Audiffred du 22 novembre 1894).

En ce qui concerne les titres déposés à la Caisse des dépôts et consignations, celle-ci est chargée de l'encaissement des arrérages, coupons et primes de remboursement, et elle en porte le montant au compte de dépôt de la Société.

b) ACQUISITIONS D'IMMEUBLES. — Les Sociétés de secours mutuels approuvées peuvent, en outre, posséder et acquérir des immeubles, jusqu'à concurrence des trois-quarts de leur avoir, les vendre, les échanger.

Ainsi, elles peuvent devenir propriétaires immobiliers pour une partie considérable de leur avoir.

C'est à la Commission du Sénat que nous devons ce texte, qui augmente considérablement la capacité des Sociétés de secours mutuels approuvées. En effet, la Commission de la Chambre des Députés (rapport Audiffred, du 22 novembre 1894), avait cru qu'il était suffisant de leur permettre de devenir propriétaires des immeubles nécessaires à leur service d'hospitalisation.

Cependant, une condition est exigée pour la validité de ces opérations : c'est qu'elles soient votées à la majorité des trois-quarts des voix par une assemblée générale extraordinaire, composée au moins de la moitié des membres de la Société présents ou représentés.

c) DÉPOTS A LA CAISSE DES DÉPOTS ET CONSIGNATIONS. — Les Sociétés de secours mutuels approuvées sont admises à verser des capitaux à la Caisse des dépôts et consignations. (Art. 21). (1)

Remarquons immédiatement que cette autorisation est donnée sans aucune restriction.

Et cette remarque a son intérêt, lorsque l'on connaît la situation faite avant cette loi aux Sociétés de secours mutuels approuvées :

La Caisse des dépôts et consignations, interprétant

(1) Complété par la loi du 7 juillet 1900, page 143.

d'une façon très étroite l'article 13 du décret-loi du 26 mars 1852, refusait les versements des Sociétés de secours mutuels, lorsque les fonds réunis dans leur caisse ne dépassaient pas 3.000 francs, si elles avaient plus de 100 membres, et 1.000 francs, si elles avaient moins de 100 membres.

Cet article était en effet ainsi conçu : « Lorsque les fonds réunis dans la caisse d'une Société de plus de 100 membres excéderont la somme de 3.000 francs, l'excédent sera versé à la Caisse des dépôts et consignations, et si la Société à moins de 100 membres, ce versement devra être opéré, lorsque les fonds réunis dans la caisse dépasseront 1.000 francs. (D. P. 52. 4. 101.) »

Avec le texte actuel, les Sociétés de secours mutuels n'ont plus à craindre cette interprétation, et peuvent toujours verser leurs fonds à la Caisse des dépôts et consignations.

Les capitaux ainsi déposés, au compte de chaque Société, peuvent l'être sous deux formes :

1° En compte courant disponible, c'est-à-dire qu'à chaque instant, les Sociétés de secours mutuels peuvent y prendre les sommes nécessaires pour acquitter leurs engagements.

2° En compte affecté pour toute la durée de la Société à la formation et l'accroissement d'un fonds commun inaliénable (art. 21, § 3).

Ce fonds commun est une sorte de bien de mainmorte, qui appartient à la Société en tant que personne morale, c'est-à-dire non seulement aux membres actuels, mais aussi aux membres futurs : c'est pour cette raison qu'il est inaliénable, la Société n'en a que l'usufruit et dispose seulement des revenus.

La création de ce fonds commun n'est pas imposée aux Sociétés approuvées, ce n'est qu'une faculté dont elles peuvent très bien ne pas user. Cela est dit expressément au paragraphe 6, art. 21.

Mais en ce qui concerne les fonds communs existant avant la loi, il y avait une situation spéciale à considérer.

La question se posait ainsi :

Une Société possédant avant la loi de 1898 un fonds commun inaliénable sera-t-elle autorisée à le supprimer ?

Le pargraphe 4 répond négativement.

Cette décision a été inspirée par l'idée suivante : on a considéré que les ressources des Sociétés de secours mutuels ont deux provenances différentes : 1º les cotisations des membres participants qui doivent être consommées d'après les règles du contrat viager ; 2º les cotisations des membres honoraires ; les dons et legs et les subventions de l'Etat dont les sociétaires n'ont que l'usufruit.

Or, il était impossible de distinguer parmi les fonds communs existant à l'époque de la nouvelle loi, ce qui faisait partie de l'une ou l'autre catégorie. Aussi décida-t-on de les conserver tout entier.

d) TAUX DE L'INTÉRÊT. — Les fonds ainsi déposés à la Caisse des dépôts et consignations produisent intérêt.

Une longue et vive discussion s'est élevée à la Chambre

des députés et au Sénat, lorsqu'il s'est agi de fixer le taux de l'intérêt.

Un nombre très important de députés et de sénateurs voulaient que le taux de l'intérêt, pour les fonds déposés par les Sociétés de secours mutuels à la Caisse des dépôts et consignations, fut de 4 1/2 %, c'est-à-dire le taux fixé par le décret du 26 avril 1856.

Le ministre de l'Intérieur, M. Barthou, s'y opposa vivement dans la crainte d'un déficit pour les finances futures de l'Etat.

Après bien des explications, l'accord s'est fait sur un texte ainsi conçu : « la différence entre le taux fixé par le paragraphe précédent, c'est-à-dire le taux légal, et le taux de 4 1/2 %, sera versée à titre de bonification à chaque Société de secours mutuels, en raison de son avoir à la Caisse des dépôts et consignations (1).

Cela revient, nous semble-t-il, à fixer l'intérêt à 4 1/2 %.

Aussi voyons-nous très mal le motif de cette subtilité. Et d'autre part, nous pensons que si l'intérêt de 4 1/2 % est un encouragement utile pour le moment, il n'en est pas moins une charge qui pourrait être un jour au-dessus des forces contributives du pays.

IV

Les Pensions de Retraites

Nous avons vu, article 1er, que l'une des fonctions proposées aux Sociétés de secours mutuels, était la création

1) Modifié par la loi du 31 mars 1903, page 148.

d'un système de retraites pour les Sociétaires devenus par l'âge incapables de travailler.

L'article 23 indique les différents modes dont les Sociétés approuvées peuvent user pour remplir ce but.

Cet article est ainsi conçu : « Les pensions de retraites » peuvent être constituées, soit sur le fonds commun, soit sur » le livret individuel qui appartient en toute propriété à » son titulaire, à capital aliéné ou réservé. »

De cet article il résulte que ces modes sont au nombre de deux : 1° le fonds commun inaliénable ; 2° le livret individuel.

Nous allons les reprendre l'un après l'autre, en les expliquant.

A. — Le fonds commun inaliénable.

Dans ce système la Société possède un fonds social spécialement destiné au service des retraites.

Lorsque le sociétaire a atteint l'âge prévu par les statuts, une partie de ce fonds social est consacré spécialement à assurer le service de la rente au pensionné.

On aurait pu supposer que ce capital, ainsi détaché du fonds social, le fut définitivement, et qu'afin d'en retirer la plus forte pension possible, il fut aliéné sous forme de contrat de rente viagère.

Mais le législateur de 1898 a cru que ce fonds ne saurait être qu'inaliénable, c'est-à-dire, comme nous l'avons vu plus haut, que les sociétaires ne sauraient en avoir que l'usufruit. Aussi l'article 23 dit-il expressément, que le capital ainsi employé à constituer une retraite, sera réservé au profit de la Société.

Le service de ces pensions peut se faire soit directement par la Société au moyen des intérêts de ce fonds, soit par l'intermédiaire de la Caisse nationale des retraites. Les conditions pour avoir droit à la retraite sont les suivantes : avoir 50 ans au moins, avoir acquitté la cotisation sociale pendant 15 ans au moins, et remplir d'autres conditions qu'il appartient aux Sociétés de fixer dans leurs statuts.

Le chiffre de la pension dépend naturellement de la situation financière de la Société.

Mais il peut arriver qu'une Société garantisse, par ses statuts, la somme qu'elle doit verser à ses pensionnaires.

En ce cas il existe un contrôle administratif, dont le but est d'assurer l'exécution de ce qui a été ainsi promis et d'éviter les désillusions :

« Tous les cinq ans au moins, ces Sociétés sont tenues de produire au Ministère de l'Intérieur, la situation de leurs engagements éventuels ou liquidés et des ressources correspondantes. »

Pour cela l'administration leur fournit des modèles, auxquels elles sont obligées de se conformer ; le résultat de cette enquête peut être une modification des statuts.

B. — Le livret individuel.

Au lieu d'être constituée au moyen d'un fonds commun à toute la Société, la pension peut être établie au moyen d'un compte, que chaque sociétaire possède à la caisse de la Société sous le nom de livret individuel.

Dans ce système, la Société inscrit à mesure au nom du sociétaire les cotisations qu'il verse en vue dés retraites, elle y joint une partie des arrérages annuels du fonds commun inaliénable, et la partie des autres ressources dont les statuts autorisent l'emploi en capital au profit des livrets individuels. Cela crée au nom de chaque sociétaire un petit capital dont il est le propriétaire exclusif.

A l'âge de retraite, la Société verse ce capital soit à la Caisse des retraites, soit à une caisse autonome, et moyennant ce versement, le sociétaire touche une pension.

Ici se place une subdivision du système du livret individuel.

La pension ainsi constituée peut l'être soit à capital réservé, c'est-à-dire de la manière précédemment expliquée pour le « fonds commun », soit en tout ou en partie à capital aliéné, c'est-à-dire par l'abandon définitif de ce capital.

1º *Capital réservé*. — Lorsque la constitution de retraites se fait avec la réserve du capital, il y a lieu à distinction.

En effet seule la partie du capital qui provient des versements faits par la Société, peut être réservée pour la Société. Le reste, c'est-à-dire ce que le sociétaire a versé lui même, sera réservé au profit de ses ayants droit, si telle est sa volonté.

2º *Capital aliéné*, — Au contraire, tout ou partie du

capital peut être versé à titre définitif pour constituer la pension.

Il est nécessaire pour cela que les statuts en aient ainsi décidé.

Telles sont les organisations de retraites autorisées par le législateur.

Disons immédiatement qu'elles ne correspondent pas à notre idéal ; ajoutons que les résultats seront certainement incomplets, qu'ils ne peuvent satisfaire que ceux qui se contentent de peu, et que nul ne peut prévoir toutes les conséquences qu'elles contiennent en germe ; nous allons cependant en indiquer quelques-unes.

CRITIQUE DU SYSTÈME DE RETRAITES, TEL QU'IL EST ORGANISÉ PAR LA LOI

Nous avons dit, dans notre introduction, comment nous concevions les pensions de retraites pour la vieillesse, et il nous suffira d'en faire ici un simple rappel.

La constitution d'un fonds social, commun à tous les sociétaires, en est à notre avis le point de départ essentiel.

En effet, par ce moyen, la part des prédécédés peut profiter aux survivants, et là est la véritable application de la Mutualité.

De plus, la pension doit être constituée sous la forme d'une rente viagère, c'est-à-dire par l'aliénation du capital, ce qui chacun le sait, en augmente considérablement le revenu.

Or, si la loi prévoit le système de retraites avec un fonds

social commun, elle consacre en même temps le principe de l'inaliénabilité de ce fonds.

A notre avis, ce point de départ est suffisant pour empêcher tout résultat appréciable.

En effet, il met obstacle à l'application du contrat viager, et prive des avantages de ce contrat qui trouverait ici sa meilleure application.

Et alors, pourquoi cette réserve du capital, puisqu'elle diminue le résultat cherché ?

Son seul effet est de faire profiter les générations futures de l'épargne des générations actuelles. Mais est-ce bien là le but de la Mutualité ?

La solidarité, qui est essentielle en notre matière, peut-elle exister entre individus de générations différentes ?

Que pourront rendre les générations suivantes, aux générations précédentes, en compensation de ce qu'elles auront reçu d'elles ?

Et même lorsque ce capital inaliénable est formé avec les dons, legs et subventions, ne semble-t-il pas conforme à la volonté des donateurs d'en faire profiter les hommes de leur génération ?

Enfin, en ce qui concerne les subventions de l'Etat, n'est-ce pas le moment de dire : « L'Etat, c'est nous », et puisque ces subventions ont leur source dans l'impôt, n'est-il pas plus juste d'en faire profiter les générations qui l'ont supporté ?

Mais avec tout cela, nous dira-t-on, le sort des héritiers se trouve sacrifié.

Répondons seulement, que ce qui rentre dans la caisse

d'une Société de secours mutuels, n'est en principe que le fruit de l'épargne, et non pas le patrimoine, et que les enfants auraient tort de réclamer à leurs parents plus que ceux-ci n'ont reçu.

Ce système d'inaliénabilité, que nous avons passé sous silence dans notre introduction, parce que nous avons cru qu'il était permis dans une introduction de négliger les faits, pour n'exposer que la théorie, est susceptible d'aboutir à des résultats probablement imprévus.

Lorsqu'une Société aura ainsi accumulé dons sur dons, subventions sur subventions, que son capital aura toujours grossi, grâce à son inaliénabilité, elle sera fort riche, et alors ses membres seront disposés à vouloir en user exclusivement.

Sous ce capital, l'idée de répartition disparaîtra complètement; on entrera dans la Société, non pas pour solidariser son existence incertaine et pleine de risques, avec celle de son prochain, mais pour participer à la jouissance de ce capital qui allumera bien des convoitises.

D'autre part, moins il y aura de membres en présence de ce capital inaliéné, plus la part de chacun sera grosse.

Aussi, les sociétaires seront-ils amenés, d'une façon plus ou moins consciente, à empêcher que leur nombre n'augmente, et n'en recevront que le moins possible.

Il n'est même pas invraisemblable de supposer, qu'avec le temps, dans de telles conditions, les membres d'une Société, propriétaire d'un gros capital inaliénable, ne considèrent leur situation comme une charge lucrative, au même titre qu'une étude de notaire ou d'avoué, et qu'au besoin, ils la laissent exploiter par d'autres, moyennant un prix.

Quant au **système du livret individuel**, c'est une innovation de la loi de 1898.

Beaucoup l'ont considéré comme réalisant un grand progrès : mais. nous ne partageons pas cet enthousiasme, et nous suspectons fort son utilité en notre matière.

Tout d'abord, le mot « individuel » en dit assez par lui-même, pour que l'on puisse porter sur ce système une appréciation à la fois sévère et juste, en se demandant si tout ce qui est individuel, n'est pas par essence opposé au mécanisme répartiteur de la Mutualité.

Sans utilité? disons-nous. C'est, qu'en effet, le possesseur d'un livret individuel ne fait pas autre chose que des placements, qui ne nécessitent nullement l'intermédiaire d'une Société de secours mutuels. Chaque mutualiste eût pu les accomplir seul ; il lui eut suffît pour cela de verser à la Caisse nationale des retraites, ce qu'il a versé à la Caisse de la Société de secours mutuels.

En résumé, dans le système de retraites pour la vieillesse, tel qu'il l'a édicté, le législateur de 1898 semble avoir perdu complètement de vue l'idée directrice de la Mutualité, et il lui a peut-être donné, en raison de la part énorme des subventions, une ressemblance trop grande avec un service d'assistance.

Cependant, nous ne sommes pas sans comprendre les nécessités d'ordre pratique qui se sont imposées au législateur. Nous n'ignorons pas que la question des retraites pour la vieillesse est une de celles qui s'est encore le moins développée, et que parmi les questions sociales, qu'embrasse la Mutualité, elle soit de date la plus récente, et par là même la moins expérimentée et la moins étudiée.

Mais si cette question des retraites n'était pas mûre, il ne fallait pas la traiter dans une loi organique de la Mutualité. On aurait pu en faire une annexe de la loi, une disposition accessoire, et on aurait ainsi évité de faire dans 41 articles un des plus beaux mélanges législatifs qui fut jamais.

Avant d'en finir avec les retraites, notons que les Sociétés de secours mutuels peuvent se contenter de distribuer de simples allocations annuelles, que leurs membres viendront demander et qu'ils obtiendront, lorsque les suffrages de leurs co-associés se seront fixés sur eux. Les Sociétés sont également autorisées à accorder des indemnités pécuniaires, à ceux de leurs membres devenus infirmes, avant d'avoir atteint l'âge de retraite.

V

Emploi des Subventions de l'Etat (ART. 26)

Les arrérages des dotations (1) et les subventions annuelles allouées par l'Etat, inscrites au budget de l'Intérieur, au profit des Sociétés de secours mutuels, doivent être employés à accorder à ces Sociétés des allocations :

(1) Un décret du 22 janvier 1852 a décidé qu'une dotation de 10 millions prise sur les biens de la famille d'Orléans serait faite aux Sociétés de secours mutuels.

1° Pour encourager la formation des pensions de retraites à l'aide du fonds commun ou du livret individuel ; 2° pour bonifier les pensions liquidées à partir du 1er janvier 1895 et dont le montant, y compris la subvention de l'Etat, ne serait pas supérieur à 360 francs; 3° pour donner, en raison du nombre de leurs membres, des subventions aux Sociétés qui ne constituent pas de retraites. (Art. 26).

Des barèmes sont établis par le conseil de la Mutualité, et le Ministre de l'Intérieur en use pour faire la répartition, entre les Sociétés, des crédits ci-dessus.

Sur ces dotations et subventions, il est chaque année fait un prélèvement pour venir en aide aux Sociétés, qui par suite d'epidémies ou de toutes autres causes de force majeure, sont momentanément hors d'état de remplir leurs engagements.

VI

Dispositions relatives aux sommes déposées aux Caisses autonomes et à la Caisse des dépôts et consignations.

Un règlement d'administration du 25-29 mars 1901 a organisé le fonctionnement des Caisses autonomes qu'aux termes de la loi actuelle (article 8, § d), les Sociétés ont été autorisées à créer.

Les fonds versés dans ces Caisses doivent être employés en rentes sur l'Etat, en valeurs du trésor, en obligations des départements ou des communes, du Crédit Foncier de

France ou des Compagnies de chemins de fer qui ont une garantie d'intérêts de l'Etat.

Ces Caisses autonomes sont vérifiées par l'inspection des finances et soumises au contrôle du receveur particulier de l'arrondissement du siège de la Caisse.

Pour les Sociétés qui usent de la Caisse des dépôts et consignations au lieu de former des Caisses autonomes, on a remédié par une disposition de l'article 27, *in fine*, à une situation qui leur était préjudiciable : en effet, les titulaires des retraites pouvaient mourir sans que les Sociétés en fussent averties et qu'elles fassent effectuer, à leur fonds de retraites, la réintégration du capital qui constituait la pension.

Depuis la loi nouvelle, la Caisse des dépôts et consignations est tenue d'envoyer, dans le courant du premier trimestre de chaque année, aux présidents des Sociétés de secours mutuels ayant constitué à sa Caisse des pensions de retraites, la liste des retraités qui l'année précédente, n'auraient pas touché leurs arrérages.

VII

Conditions à remplir pour avoir droit aux subventions de l'Etat et jouir des faveurs de cette loi (ART. 28)

Les subventions de l'Etat et les faveurs de cette loi ne sont accordées qu'aux Sociétés qui, en ont réellement besoin, c'est-à-dire à celles qui ne dépassent pas un certain chiffre dans la distribution de leurs secours ou le service de leurs pensions.

Ces chiffres sont : 1° Une indemnité de 5 francs par jour en cas de maladie; 2° une allocation ou une pension annuelle supérieure à 360 francs; 3° une assurance de 3.000 francs en cas de vie ou de décès.

Ceux qui essayeront de tourner cette disposition, en faisant partie de plusieurs Sociétés, devront être exclus par ces Sociétés, sous peine par celles-ci de perdre les avantages concédés par la loi.

VIII

Contrôle spécial aux Sociétés de secours mutuels approuvées (ART. 29)

En plus de la statistique exigée par l'article 7 pour toutes les Sociétés de secours mutuels, celles qui sont approuvées doivent adresser au Ministre de l'Intérieur le compte rendu de leur situation morale et financière.

D'autre part, leurs livres, registres, procès-verbaux et pièces comptables de toutes natures doivent être communiqués à l'Administration, et cela sans déplacement, à moins que le Préfet n'en ait ordonné autrement.

Les infractions à cette prescription sont passibles d'une amende de 16 à 500 francs.

IX

Retrait d'approbation (ART. 30)

Une Société de secours mutuels n'est approuvée que moyennant certaines conditions ; aussi, si par la suite elle se soustrait d'elle-même à ces conditions, l'approbation peut lui être retirée.

C'est un décret rendu par le Conseil d'Etat, sur la proposition motivée du ministre, et après avis du Conseil supérieur de la Mutualité, qui opère ce retrait.

Cette décision est, du reste, susceptible d'un recours au Contentieux devant le Conseil d'Etat.

X

Liquidation (ART. 31)

L'article 31 indique l'ordre des créanciers privilégiés lorsque, la dissolution ayant été prononcée soit volontairement, soit judiciairement, on en arrivera à procéder à la liquidation qui se fera sous la surveillance du Préfet.

Sur l'actif social, y compris le fonds commun inaliénable, il sera prélevé :

« 1º De quoi remplir les engagements contractés vis-à-vis des tiers.

2º Les sommes nécessaires pour remplir les engagements contractés vis-à-vis des membres participants, notamment en ce qui concerne les pensions viagères et les assurances en cas de décès, de vie ou d'accidents.

3º a) Une somme égale au montant des subventions et secours accordés depuis l'origine de la Société par l'Etát, à titre inaliénable sur les fonds de la dotation ou autres, pour être ladite sommé versée au compte de la dotation des Sociétés de secours mutuels; b) des sommes égales au montant des subventions et secours accordés depuis l'origine de la Société par les départements et les communes, à titre inaliénable, pour être lesdites sommes réintégrées dans leurs caisses ; c) des sommes égales au montant des dons et legs faits à titre inaliénable, pour être employées conformément aux volontés des donateurs et testateurs, sils ont prévu le cas de liquidation, ou si leur volonté n'a pas été exprimée, pour être ajoutées au compte de la dotation des Sociétés de secours mutuels. » (Art 31.)

Les sommes dues seront payées dans cet ordre.

Mais si après le paiement des engagements contractés vis-à-vis des tiers et des sociétaires, il ne reste pas de fonds suffisants pour rembourser entièrement les.subventions de l'Etat, des départements et des communes, ceux-ci seront admis au marc le franc des versements qu'ils auront respectivement faits.

Si, au contraire, après ces trois sortes de prélèvements, il existe encore un surplus d'actif social, celui-ci sera distribué entre les membres participants au jour de la dissolution et non pourvus d'une pension ou indemnité annuelle, et sans que cette somme puisse être supérieure à leur contribution personnelle.

S'il y avait encore un reliquat après tous ces prélèvements, il serait attribué au fonds de dotation.

III. — Les Sociétés de secours mutuels reconnues d'utilité publique (ART. 32)

Une troisième classe de Sociétés comprend celles qui sont reconnues d'utilité publique.

Cette reconnaissance a lieu par décret dans la forme des règlements d'administration publique. Elle est accordée après demande faite au préfet. A cette demande doivent être joints : la liste nominative des personnes qui y ont adhéré et trois exemplaires des statuts et du règlement intérieur. (Art 32.)

Les Sociétés, ainsi reconnues d'utilité publique, jouissent des avantages accordés aux Sociétés approuvées, et elles ont en plus la personnalité civile, sans aucune restriction, c'est-à-dire qu'elles peuvent posséder et acquérir, vendre et échanger des immeubles. (Art. 33.).

Mais en se livrant à ces opérations, elles doivent se conformer aux conditions qui leur ont été imposées par le décret de reconnaissance. (Art. 33.)

TITRE III

Dispositions accessoires et transitoires

I

Le Conseil supérieur de la Mutualité

Sous un titre V, qui est tout au plus une annexe de la loi sur les Sociétés de secours mutuels, il est institué un Conseil supérieur de la Mutualité, composé de 36 membres, ainsi répartis : 2 sénateurs élus par leurs collègues; 2 députés élus par leurs collègues; 2 conseillers d'Etat élus par leurs collègues; 1 délégué du Ministre de l'Intérieur; 1 délégué du Ministre de l'Agriculture; 1 délégué du Ministre du Commerce; 1 membre de l'Académie des Sciences morales et politiques, désigné par l'Académie; 1 membre du Conseil supérieur du travail, désigné par ses collègues; 2 membres agrégés de l'Institut des actuaires français, désignés par le Ministre de l'Intérieur; le directeur général de la comptabilité au Ministère des Finances; le directeur du mouvement général des fonds au même ministère; le directeur général de la Caisse des dépôts et consignations; 1 membre de l'Académie de Médecine, désigné par l'Académie, et 1 représentant des Syndicats médicaux, élus par les délégués de ces Syndicats dans les formes qui ont été déterminées par un décret du 13-15 juin 1899; 18 représentants des Sociétés de secours mutuels, dont 6 appartenant aux Sociétés libres, élus par les délégués des Sociétés, dans les formes qui ont été déterminées par un décret du 2 mai 1899.

II

Formation des Collèges électoraux

Le décret du 2 mai 1899 a formé des collèges de Sociétés de secours mutuels, pour procéder ensuite à l'élection de leurs représentants. (1)

On a voulu faire de telle sorte, que chaque collège représentât un nombre à peu près égal de mutualistes, et, dans ce but, les collèges comprennent d'autant plus de départements que les mutualistes y sont moins nombreux.

Tous les membres du Conseil (nommés ou élus), le sont pour 4 ans. A l'expiration de leurs pouvoirs, ils peuvent être réélus ou renommés.

Leurs fonctions sont gratuites.

Le bureau du Conseil est formé comme il suit : Le Ministre de l'Intérieur en est de droit président ; deux vice-présidents et un secrétaire sont choisis à l'élection dans le sein du Conseil.

III

Sessions du Conseil supérieur

Le Conseil se réunit au moins tous les six mois, mais il peut être convoqué par le Ministre compétent, toutes les fois que cela lui paraît nécessaire.

(1) Modifié par le décret du 14 avril 1902, page 142.

Au cours de ses sessions, le Conseil examine les états statistiques et les comptes rendus de la situation financière, fournis par les Sociétés de secours mutuels, ainsi que les inventaires au moins quinquennaux et les autres documents fournis par les Sociétés de secours mutuels, en exécution des articles 8, 23 et 29 de la loi du 1er avril 1898.

Ce Conseil est appelé à donner son avis sur les subventions accordées par le Ministre de l'Intérieur.

En dehors des sessions, une section permanente a pour fonction de donner son avis sur toutes les questions qui lui sont soumises, soit par le Conseil supérieur, soit par le Ministre.

Cette section est composée de membres du Conseil supérieur, choisis par le Ministre, dont quatre parmi ceux qui procèdent de l'élection.

Chaque année, un rapport sur les opérations des Sociétés de secours mutuels et sur les travaux du Conseil supérieur est établi par les soins du Ministre ; il est ensuite soumis au Président de la République, puis présenté au Sénat et à la Chambre des députés.

IV

Dispositions transitoires

Sous le titre de dispositions transitoires, le législateur a réglé le sort des Sociétés de secours mutuels approuvées existant antérieurement à la loi et dont les statuts étaient en désaccord avec la loi nouvelle. Il leur a été donné un délai de deux ans pour se conformer à ces nouvelles prescriptions. Jusqu'à l'expiration de ce délai, elles ont pu continuer à s'administrer, conformément à leurs statuts. Les Sociétés qui, dans ce délai, n'ont pas demandé ou n'ont pas obtenu l'approbation de leurs statuts, ont dû placer leurs fonds communs en valeurs nominatives, conformément à l'article 20 de la loi, c'est-à-dire en valeurs garanties par l'Etat, et déposer les titres à la Caisse des dépôts et consignations. (Art. 37).

Nous ignorons si les Sociétés de secours mutuels antérieures à la loi de 1898 ont obéi à ces prescriptions, mais celles qui les ont négligées étaient susceptibles de tomber sous le coup des articles 10 et 30 de la loi, c'est-à-dire d'être dissoutes ou bien de se voir retirer l'approbation. (Art. 37).

V

Décorations

Dans un but d'encouragement, et sans doute aussi dans l'espoir de susciter dans le public des collaborateurs, des médailles d'honneur sont accordées par le Gouvernement de la République aux Membres des Sociétés de secours mutuels, qui se sont distingués en se faisant les apôtres de la Mutualité, et les récompenses ainsi obtenues peuvent être portées publiquement. (Art. 39).

VI

Les Syndicats

Dans son article 40, placé à tort à notre avis sous le titre des dispositions transitoires, le législateur a associé aux bénéfices des avantages de la loi du 1er avril 1898, les Syndicats professionnels constitués aux termes de la loi du 21 mars 1884.

La loi de 1884 a autorisé les artisans appartenant à la même profession à s'associer dans un but de défense commune de leurs intérêts. Le plus impérieux de ces besoins est, semble-t-il, d'éviter la misère, et, pour cela, d'organiser des services de secours identiques à ceux que l'on trouve dans les Sociétés de secours mutuels. Aussi n'est-il pas étonnant que le législateur de 1898 ait accordé à ces Syndicats les mêmes avantages qu'aux Sociétés de secours mutuels, à condition qu'ils se conforment aux mêmes prescriptions. (Art. 40).

CIRCULAIRES ET DÉCRETS

en application de la Loi du 1er Avril 1898

L'application de la Loi du 1er Avril 1898 a nécessité quelques décrets et un certain nombre de Circulaires et d'Instructions adressées, soit par le Ministre de l'Intérieur à ses préfets, soit par le Ministre de la Justice à ses procureurs, soit par le Ministre des Finances à ses subordonnés.

Nous allons les indiquer dans l'ordre des dates où elles ont paru, en commençant par les Circulaires et Instructions :

Instruction du 25 juin 1898 à l'Enregistrement, au sujet des immunités fiscales édictées par la loi du 1er Avril 1898, au profit des Sociétés de Secours Mutuels.

SIREY, 1899 — 754.

Par une Circulaire du 29 juillet 1899, le Ministre de l'Intérieur adresse à ses préfets une instruction datée du 20 octobre 1898 sur l'exécution de la loi du 1er Avril 1898.

Lois Nouvelles, 1900 — 3-32.

Par une Circulaire du 29 septembre 1899, le Ministre de l'Intérieur prescrit à ses préfets d'inviter les administrateurs des Sociétés de Secours Mutuels à faire connaître, eux-mêmes, à la Caisse des Dépôts et Consignations, les pensionnaires dont ils auraient perdu la trace, afin de faciliter l'application de l'article 27, paragraphe 4 de la loi du 1er Avril 1898, relatif aux pensionnaires disparus et qui n'ont pas touché les arrérages de leur pension.

Lois Nouvelles, 1899 — 3-228.

Par une Circulaire du 20 mai 1901, le Ministre de l'Intérieur invite ses préfets à faire confectionner des Tables de Mortalité et de Morbidité au moyen de tableaux que les administrateurs des Sociétés de Secours Mutuels devront remplir, puis renvoyer au Ministre de l'Intérieur.

Lois Nouvelles, 1901 — 3-198.

Par une Circulaire du 13 juin 1901, le Ministre de la Justice indique à ses procureurs dans quelles conditions les bulletins n° 3 du casier judiciaire, demandés par les personnes qui sollicitent leur admission dans les Sociétés de Secours Mutuels, devront être délivrés, pour être ensuite enregistrés gratis.

Lois Nouvelles, 1901 — 3-291.

Par une Circulaire du 10 août 1901, le Ministre de l'Intérieur enjoint aux préfets de dresser une liste des Sociétés de Secours Mutuels, qui ne constituent pas de retraites, et d'indiquer le nombre des membres participants de chacune d'elles, afin de leur allouer ensuite les subventions prescrites par l'article 26 de la loi du 1er Avril 1898.

Lois Nouvelles, 1902 — 4-14.

Par une Circulaire du 15 septembre 1901, le Ministre de l'Intérieur recommande à ses préfets de veiller à ce que les locaux fournis aux Sociétés de Secours Mutuels par les communes, en vertu de l'application de l'article 18 de la loi du 1er Avril 1908, soient convenables, spacieux, éclairés le soir, chauffés en hiver, et nantis du matériel voulu pour que les Sociétés puissent délibérer.

Il ajoute que la fourniture des livres doit comprendre : 1° un registre matricule ; 2° un journal pour le trésorier ; 3° un registre blanc, destiné aux procès-verbaux ; 4° des livrets à l'usage des sociétaires ; 5° un livret ou des feuilles de visites.

Ces charges incombent à la commune où la Société de Secours Mutuels a son siège social.

Lois Nouvelles, 1902 — 3-18.

Par une Circulaire du 15 mars 1902, le Ministre de la Justice rappelle à ses procureurs, qu'une circulaire du 20 juillet 1895 leur a prescrit d'aviser les préfets et les sous-préfets des décisions de justice intéressant les Sociétés de Secours Mutuels. Il ajoute que beaucoup de Parquets ont négligé de le faire et invite les procureurs à rappeler à leurs substituts cette circulaire du 20 juillet 1895.

Lois Nouvelles, 1902 — 3-249.

Par une Circulaire du 7 novembre 1903, le Ministre de l'Intérieur invite ses préfets à choisir des arbitres parmi les administrateurs de Sociétés, autres que celles en litige, pour concilier les différends, soit entre Sociétés et sociétaires, soit entre Sociétés.

Lois Nouvelles, 1904 — 3-60.

Décret du 25 Mars 1901 — D. P. 1904 — 4-60

TITRE PREMIER

Un décret du 25 mars 1901 organise le fonctionnement des Caisses autonomes, qu'aux termes de la loi du 1er Avril 1898, art. 8, les Sociétés de Secours Mutuels ou Unions de Sociétés peuvent créer.

Avant de créer une Caisse autonome, la Société de Secours Mutuels, ou l'Union de Sociétés doit obtenir une autorisation par décret rendu en Conseil d'État.

En sollicitant ce décret, les administrateurs de la Société doivent présenter un Règlement d'administration de la Caisse, lequel indique :

1° *Le montant des cotisations dues par les participants à la Caisse* ;

2° *Les conditions d'âge et autres qui doivent être remplies pour que le paiement des allocations soit effectué.*

3° *Le montant des allocations (rente ou capitaux) dues par la Caisse aux participants ou à leurs ayants droit.*

4° *Les règles relatives à la liquidation des pensions de retraites* (Articles 5 et 6).

Le but de ces Caisses est exclusivement, *soit la constitution de pensions de retraites, soit l'assurance en cas de vie, de décès ou d'accidents.*

Chacune de ces catégories d'opérations nécessite une Caisse distincte. (Article 1er).

L'assurance en cas de décès ou d'accident ne peut être pratiquée par une Caisse autonome, que si le nombre de ses participants est d'au moins trois mille (Art. 2).

Pour la constitution de pensions de retraites ou l'assurance en cas de vie, il suffit que la Caisse autonome ait au moins deux mille membres participants (Art. 2).

Chaque participant a un livret sur lequel sont inscrits, les versements effectués pour son compte, et les rentes viagères ou le capital assuré en cas de vie, en cas de décès, ou en cas d'accident (ART. 4).

La personnalité de la Caisse autonome n'est pas distincte de celle de la Société ou de l'Union, dont elle est l'organe, mais sa personnalité financière est indépendante. Aussi doit-elle être alimentée par des cotisations spéciales, suffisantes pour faire face aux charges qu'elle assume (Art. 3).

Chaque Caisse autonome a son budget spécial, et chaque année sa situation active et passive doit être établie à la date du 31 décembre. Au passif figure la valeur de tous les engagements pris par la Caisse envers les participants ou leurs ayants droit. L'évaluation en est faite au moyen de tables approuvées par arrêté du Ministre de l'Intérieur (Art. 7).

L'autorisation donnée à la Caisse autonome peut être retirée, soit lorsque l'actif n'équilibre pas son passif, soit en cas d'infraction aux dispositions légales ou règlements en vigueur.

Décret du 25 Mars 1901 (suite). — D. P. 1904, 4-60

Titre II

L'article 8 de la Loi du 1er Avril 1898 autorise les Sociétés de Secours Mutuels à créer entre elles des Unions : le décret du 25 Mars 1901 (Titre II) détermine comment doivent être créées ces Unions.

Aux termes de ce décret (art. 10), les Unions sont comme les Sociétés de Secours Mutuels, de 3 sortes : elles sont libres, approuvées ou reconnues d'utilité publique. Les Unions approuvées ne " *comprennent que les Sociétés approuvées ou reconnues d'utilité publique ; les Unions libres peuvent être composées de Sociétés reconnues, approuvées ou libres* ", mais les Unions reconnues d'utilité publique, ne peuvent être composées que de Sociétés reconnues d'utilité publique (art. 10) (1).

Ces Unions ont leurs statuts comme les Sociétés elles-mêmes, et les statuts doivent contenir les énonciations

---

(1) Cet article 10 du décret du 15 Mars 1901 n'a plus aucun intérêt aujourd'hui. En effet, une loi du 2 Juillet 1904 a décidé que les Unions approuvées pouvaient être composées de Sociétés libres (voir plus loin Loi du 2 Juillet 1904, page 147).

prévues par l'article 5 de la Loi du 1er Avril 1898. — Chaque Société de Secours Mutuels ne peut adhérer à une Union qu'après une délibération prise par l'Assemblée générale de la Société (art. 11).

L'Assemblée générale des Unions est composée des délégués des Sociétés adhérentes, spécialement désignés à cet effet. — Le Procès-verbal de constitution lui est soumis à la première assemblée, et l'Union n'est constituée que lorsque les administrateurs élus ont accepté leur mandat (art. 12 et 13).

Décret du 14 Avril 1902. — Journal Officiel, 23 Avril 1902

Le décret du 2 Mai 1899, portant règlement d'administration publique sur les élections au Conseil Supérieur des Sociétés de Secours Mutuels, a été modifié par un décret du 14 Avril 1902.

Aux termes de ce nouveau décret, l'élection des représentants au Conseil Supérieur a lieu à la majorité absolue des suffrages exprimés.

Si la majorité absolue n'est pas atteinte, il est procédé trois semaines plus tard à une nouvelle élection et cette fois la majorité relative suffit (art. 2).

Il en est de même pour le représentant des Syndicats Médicaux au Conseil Supérieur et ici ce décret modifie un décret du 13 Juin 1899 sur la même matière, lequel ne donnait qu'un délai de 15 jours pour procéder à un second tour de scrutin (art. 4).

Lois postérieures à la loi du 1er Avril 1898 sur les Sociétés de Secours Mutuels

Quelques-unes des dispositions de la loi du 1er Avril 1898 se sont trouvées incomplètes ou insuffisamment libérales au gré des Sociétés de Secours Mutuels.

Des protestations se sont élevées de toutes parts dans le monde mutualiste, et le législateur, sous la poussée de cette opinion, s'est vu dans la nécessité de parfaire son œuvre.

Loi du 7 juillet 1900. — D. P. 1901, 4-23

L'article 21 de la loi du 1er Avril 1898 autorise les Sociétés de Secours Mutuels approuvées à verser des capitaux à la " Caisse des Dépôts et Consignations " en compte courant disponible et en fonds commun.

Or, il n'existe pas de préposés à la Caisse des Dépôts et Consignations dans toutes les communes (seuls les trésoriers généraux et les receveurs particuliers des finances ont cette qualité).

Aussi pour éviter des déplacements fréquents et incommodes aux administrateurs des Sociétés de Secours Mutuels approuvées, ceux-ci sont autorisés par la loi du 7 Juillet 1900, lorsqu'il n'y a pas de préposé à la Caisse des Dépôts et Consignations dans la commune où existe la Société à *opérer entre les mains des percepteurs ou à leur défaut entre les mains des receveurs des Postes et Télégraphes :*

1° *Des dépôts et retraits se rapportant à leur compte courant de fonds libres.*

2° *Les versements se rapportant à leur fonds commun de retraites.*

Le percepteur ou le receveur des Postes et Télégraphes agissent pour le compte de la Caisse des Dépôts et Consignations.

Décret du 28 Novembre 1901. - Journal officiel, 3 décembre 1901

Un décret du 28 Novembre 1901 a réglé l'exécution de cette loi.

Ce décret dispose ainsi qu'il suit :

Toute Société de Secours Mutuels qui a un compte à la Caisse des Dépôts et Consignations et qui veut user de la faculté accordée par l'article premier de la loi du 7 juillet 1900, doit faire connaitre au receveur des finances à quelle perception ou à quelle recette des Postes, elle entend faire les versements, se rapportant à son compte courant ou à son fonds commun de retraites (article 1er).

Le trésorier de la Société de Secours Mutuels doit à l'appui de chaque versement fait à la caisse d'un percepteur ou d'un receveur des Postes, produire les pièces exigées par la Caisse des Dépôts et Consignations et aussi le carnet de compte courant, lorsqu'il s'agit d'un versement en compte courant.

Le percepteur ou le receveur délivre au trésorier une quittance à souche du montant des fonds reçus, destinée à être remplacée par un récépissé à talon que renvoie le receveur des finances après avoir reçu les pièces produites par le trésorier (article 2).

Si la somme à verser est supérieure à 2.000 francs, le trésorier est tenu, avant de faire le versement entre les mains du percepteur ou du receveur des Postes, d'obtenir une autorisation du receveur des finances. Faute de cette autorisation, la responsabilité du receveur des finances ne serait pas engagée (article 3).

Les remboursements des fonds placés en compte courant sont effectués, sauf autorisation spéciale du receveur des finances, à la caisse du percepteur ou de receveur des Postes que la Société de Secours Mutuels a désignée elle-même pour y faire ses versements (article 4).

Pour obtenir le remboursement des fonds ainsi placés, le trésorier de la Société doit produire une demande de remboursement signée du président de la Société et aussi le carnet de compte courant.

Ces pièces sont transmises au receveur des finances qui envoie au percepteur ou au receveur des Postes la *quittance de remboursement revêtue de son « vu, bon à payer» et le carnet de compte courant mentionnant le remboursement et ce qui reste à l'actif de la Société.*

Ce carnet est restitué au trésorier de la Société en même temps que les fonds remboursés (article 5).

A Paris, c'est le caissier général de la Caisse des Dépôts et Consignations qui certifie les comptes courants et délivre les récépissés à talon (article 6).

Les receveurs des Postes reçoivent, en raison du travail supplémentaire qu'on leur impose, des allocations prélevées par la Caisse des Dépôts et Consignations sur le compte " Fonds de dotation " des Sociétés de Secours Mutuels.

Loi du 31 Mars 1903. — D. P. 1903, 4-17

Cette Loi a modifié les paragraphes 7, 8, 9 et 10 de l'ar le 21 de la Loi du 1er Avril 1898.

L..rticle 21 de la Loi de 1898 avait donné lieu à la Chambre et au Sénat lors du vote de la Loi à de longues discussions.

Comme nous l'avons dit précédemment (page 116), les divergences portaient sur le point de savoir si la Caisse des Dépôts et Consignations continuerait à servir aux Sociétés de Secours Mutuels, un intérêt de 4 1/2 0/0 selon le taux fixé par le décret dn 26 Avril 1856, ou si elle se bornerait à servir l'intérêt légal. Il avait été décidé que l'intérêt servi serait *égal à celui de la Caisse Nationale de Re'raite pour la Vieillesse,* mais que la différence entre ce taux et celui de 4 1/2 serait versée chaque année aux Sociétés de Secours Mutuels approuvées ou reconnues d'utilité publique, à titre de bonification au moyen d'un crédit inscrit chaque année au budget du Ministère de l'Intérieur.

Or, cette bonification était payée directement par la Caisse des Dépôts et Consignations au moyen d'un prélèvement sur ses bénéfices.

La Loi du 31 Mars 1903 a modifié cet état de chose en disposant ce qui suit (art. 61) : *l'Intérêt servi par la Caisse des Dépôts et Consignations est égal à celui qu'elle a retiré*

de ses placements durant le cours de l'année précédente. —
Le taux en est déterminé au commencement de chaque année,
après avis de la commission de surveillance de la Caisse des
Dépôts et Consignations, par un décret rendu sur la proposition
du Ministre des Finances et du Ministre de l'Intérieur.

Il résulte de ce texte que les bonifications prévues par le paragraphe 5 de l'article 21 de la Loi du 1er Avril 1898, ne seront plus payées par la Caisse des Dépôts et Consignations et qu'elles seront incorporées au budget.

Cette même Loi du 31 Mars 1903 (art 61) a apporté une seconde modification à l'article 21 de la Loi du 1er Avril 1898.

Cet article autorisait la Caisse des Dépôts et Consignations à faire emploi des fonds qui lui étaient versés par les Sociétés de Secours Mutuels, dans les mêmes conditions que pour les fonds de Caisse d'Epargne (achat de titres de rente sur l'État).

L'article 61 de la Loi du 31 Mars 1903 ajoute que la Caisse des Dépôts et Consignations pourra avec *les capi-*
taux du fonds commun faire des prêts aux Départements, aux
Communes et aux Chambres de Commerce.

Loi du 2 Juillet 1904. — D. P. 1904 — 4-60

La loi du 1er Avril 1898 dans son article 16 avait accordé certaines prérogatives et certains avantages financiers aux Sociétés de Secours Mutuels approuvées, et elle accordait les mêmes avantages aux Unions de Sociétés de Secours Mutuels, qui obtenaient l'approbation.

Mais cet article ne prévoyait pas comment devaient être composées ces Unions, pour obtenir l'approbation.

Devaient-elles être composées uniquement de Sociétés de Secours Mutuels approuvées ?

Pouvaient-elles au contraire être composées, soit à la fois de Sociétés approuvées et libres, soit uniquement de Sociétés libres ?

Nous avons vu que le décret du 25 mars 1901, dans son article 10, interprétant l'article 16 de la loi du 1er Avril 1898, avait décidé que les « *Unions approuvées ne comprenaient que les Sociétés approuvées ou reconnues d'utilité publique* ».

Cependant aucune disposition de la loi du 1er Avril 1898 n'imposait cette manière de voir (D. P. 1904 — 4-60), en note (5 - 1).

Les Unions ont en effet une personnalité complètement. différente de celle des Sociétés de Secours Mutuels qu'elles comprennent.

Elles ont leur autonomie propre. Leurs obligations ne se confondent pas avec celles des Sociétés : Elles remplissent un service spécial, assuré au moyen de ressources spéciales.

Cette interprétation étroite de l'article 16 de la loi du 1er Avril 1898 par le décret du 25 mars 1901, art. 10, avait fait naître immédiatement de graves difficultés.

Les Sociétés de Secours Mutuels de toute une région, après s'être réunies pour organiser en commun leurs services d'assistance, se voyaient refuser l'approbation, parce que, quelques-unes des Sociétés affiliées étaient libres, et perdaient ainsi le bénéfice des avantages accordés à l'approbation.

A chacun de leurs Congrès, les mutualistes protestaient contre cet état de choses ; aussi à la session de mars 1902, le Conseil supérieur de la Mutualité vota le vœu suivant :

« *Le Conseil supérieur des Sociétés de Secours Mutuels,* » *prenant en considération les vœux émis par différents* » *Congrès et par un grand nombre d'Unions départemen-* » *tales, estime qu'il y a lieu de permettre aux Sociétés libres* » *de se grouper entre elles, ou de s'unir à des Sociétés* » *approuvées, pour constituer des Unions approuvées, émet* » *le vœu que le Gouvernement veuille bien, soit modifier* » *l'article 10 du règlement d'administration publique du 25* » *mars 1901, soit provoquer une modification de la loi du* » *1er Avril 1898, pour donner satisfaction sur ce point aux* » *mutualistes* ».

C'est à la suite de ce vœu, que fut présenté aux Chambres, le projet qui devait aboutir à la loi du 2 juillet 1904.

Cette loi est ainsi conçue :

ARTICLE UNIQUE. — « *Le premier paragraphe de l'article 16* » *de la loi du 1er Avril 1898 sur les Sociétés de Secours* » *Mutuels est complété ainsi qu'il suit :*

« *Les Unions de Sociétés libres et les Unions mixtes de* » *Sociétés libres et approuvées, peuvent recevoir l'approba-* » *tion, à la condition de se conformer aux dispositions du* » *présent article et des articles suivants* ».

Désormais toutes les Unions, quelles qu'elles soient, peuvent obtenir l'approbation, il leur suffit pour cela, de se conformer aux conditions imposées, c'est-à-dire d'avoir des Statuts conformes aux dispositions de la loi du 1er Avril 1898, article 16, et de prévoir dans ces Statuts des recettes proportionnées aux dépenses.

CONCLUSION

Maintenant que nous croyons avoir indiqué, dans ses grandes lignes au moins, notre conception de la Mutualité, et après avoir fait la critique de ce qui nous paraissait inexact, inutile ou inopportun, dans notre législation sur les Sociétés de secours mutuels, nous nous demandons si l'humanité saura jamais mettre à profit le sentiment si fécond de solidarité que la nature a mis dans son patrimoine.

Il est évident que la Mutualité, qui est l'application du sentiment de solidarité, ne sera un préservatif contre la misère que lorsque l'ouvrier se trouvera dans les conditions économiques suffisantes pour payer régulièrement sa cotisation.

Quelle peut être en effet l'utilité des Sociétés de secours mutuels pour la classe ouvrière, tant que celle-ci n'aura pas un salaire suffisant pour y verser une prime ?

Or, en l'état actuel des choses, la Mutualité n'est pas accessible à la presque totalité du prolétariat qui vit dans un état voisin de la misère, et elle ne peut par conséquent résoudre la question sociale. Aussi croyons-nous fermement que son utilité ne commencera à apparaître que lorsque l'on aura amélioré le sort de la classe ouvrière.

C'est ici que se place la question d'une organisation du travail susceptible de déterminer cette amélioration.

Mais nous n'avons pas à traiter cette question, qui n'est

plus de la Mutualité et qui, pour cette raison, ne rentre pas dans notre sujet; nous voulons seulement faire remarquer que la Mutualité n'est pas un remède suffisant par elle-même, qu'elle ne peut rien toute seule, qu'elle est tout au plus une organisation financière susceptible de merveilleux résultats, au point de vue social, mais seulement lors-qu'on aura amélioré la situation économique du monde ouvrier.

Comment cette amélioration économique sera-t-elle réalisée? Est-elle même possible?

Ce sont deux questions auxquelles nous n'avons pas à répondre dans cette étude, qui n'a pas pour titre l'organisa-tion du travail.

Cependant, il nous suffit de savoir que chaque jour, dans nos assemblées parlementaires, des personnages éminents appartenant à tous les groupements politiques s'efforcent de réaliser des réformes, dont le but est d'améliorer le sort de l'ouvrier, pour avoir confiance dans les résultats que nous souhaitons.

Or lorsque ces réformes seront complètes, lorsque l'ouvrier recevra un salaire régulier et suffisant, il impor-tera tout d'abord que les Sociétés de secours mutuels soient corrigées de nombreuses imperfections de détails ou d'organisation que nous avons signalées au cours de notre étude.

Mais il faudra surtout rompre avec une erreur de prin-cipe qui est plus grave à notre avis.

En effet, jusqu'ici on a à peu près négligé de faire inter-venir l'élément professionnel dans la formation des

Sociétés de secours mutuels. Les Sociétés de secours mutuels actuelles ne sont pas professionnelles pour la plupart, en ce sens que dans la même Société se trouvent des individus appartenant à diverses professions et que, par contre, des individus appartenant à la même profession font partie de Sociétés de secours mutuels différentes.

Un tel état de choses est à notre avis un recul sur l'ancien régime, dont les corporations, malgré de nombreux défauts, étaient cependant de véritables institutions sociales, parce qu'elles groupaient des individus ayant des intérêts communs.

Aussi croyons-nous essentiel pour l'avenir de la Mutualité que la démocratie, déjà émancipée par la loi du 21 mars 1884 sur les syndicats, comprenne mieux la solidarité qui unit tous les individus exerçant la même profession, et qu'elle fasse du syndicat professionnel le véritable cadre de la Mutualité.

Les Sociétés de secours mutuels actuellement existantes, et auxquelles manque, pour la plupart, ce lien puissant des mêmes intérêts professionnels, ne sont prospères que dans la mesure où elles reçoivent l'aumône, car la presque unanimité des Sociétés de secours mutuels ne vivent ou ne remplissent leur but que grâce aux cotisations des membres honoraires et aux subventions de l'État, et la cohésion entre leurs membres n'est assurée que par la personnalité d'un président auquel, bien souvent, la Société ne survit pas.

Conçue en dehors du caractère professionnel, la Mutualité est peut-être plus qu'insuffisante : elle est un obstacle aux réformes plus immédiatement nécessaires.

En effet, à côté des Sociétés de secours mutuels, les Syndicats professionnels sollicitent le monde ouvrier, pour lui offrir également un remède préventif contre la misère.

Or, il est certain que le salaire de l'ouvrier est insuffisant pour payer deux cotisations ; l'une à la Société de secours mutuels, l'autre au Syndicat.

Il devra donc choisir, et à notre avis, le choix le mieux éclairé devra aller au Syndicat professionnel.

Nous n'avons pas à traiter dans cette étude des Syndicats professionnels, mais il nous semble que, jusqu'ici, leur utilité s'est révélée bien supérieure à celle des Sociétés de secours mutuels, lesquelles n'ont encore pour la plupart fonctionné que comme un service d'assistance, ou peut s'en faut.

Bien entendu, lorsque nous parlons de l'utilité des syndicats professionnels, nous n'avons pas en vue les grèves nombreuses, souvent violentes, et quelquefois sanglantes qu'ils ont fait naître.

Mais, il y a eu des grèves légitimes, et le Syndicat a permis aux salariés de grouper leurs réclamations, et de les faire accepter par le patron lorsqu'elles étaient raisonnables, ce qui ne serait jamais arrivé, si les ouvriers avaient isolément présenté leur requête.

Nous sommes persuadés que les quelques lois qui ont commencé à réglementer le travail dans les usines sont dues à l'influence des syndicats.

Or, personne ne niera qu'il était à la fois moral et hygiénique, et qu'il importait peut-être à la vitalité de notre race qu'il fut fixé un maximum d'heures de travail quotidien, surtout en ce qui concerne les femmes et les enfants.

Une loi récente qui impose le repos hebdomadaire à la presque unanimité des professions, que nous ne voulons pas juger par les désordres qu'elle a provoqués et dont nous n'avons pas encore pu apprécier l'opportunité, parce qu'elle est trop récente, aura peut-être un effet moral très utile sur la classe ouvrière, à condition toutefois que ce jour de repos ne se passe pas au cabaret, ce qui appelle des réformes complémentaires.

Or, est-ce qu'en ces occasions les Syndicats n'ont pas démontré leur influence, et est-ce que les manifestations qu'ils ont organisées (nous parlons seulement de celles qui se sont déroulées avec dignité et dans le calme) n'ont pas indiqué à nos législateurs ce que leurs mandants attendaient d'eux ?

L'utilité du Syndicat professionnel nous semble donc prouvée par son histoire ; les Sociétés de secours mutuels, si utiles qu'elles soient, ont eu, pensons-nous, une importance moindre.

Aussi craignons-nous que ia Mutualité, comprise d'une façon trop différente du Syndicat professionnel, ne réussisse qu'à diviser les efforts des hommes de bonne volonté, et à disséminer au hasard l'épargne des travailleurs, en ne créant que des œuvres artificielles et éphémères.

Mais si au contraire, les Sociétés de secours mutuels réunissaient, autant que possible, les individus exerçant les mêmes professions, en d'autres termes, si on s'appliquait à coordonner le mouvement mutualiste et le mouvement syndical, nous espérerions les meilleurs résultats.

Par le mouvement syndical, le monde ouvrier s'organiserait et améliorerait sa situation économique, et par le mouvement mutualiste, il créerait des institutions de prévoyance destinées à parer aux événements malheureux qui, même au sein de la prospérité matérielle d'une Société, peuvent incomber aux individus.

Malheureusement, nous croyons avoir de trop bonnes raisons de craindre que ces deux mouvements, mutualiste et syndical, ne se coordonnent pas d'ici longtemps.

En effet, un grand nombre d'individus, dont les préoccupations sont uniquement politiques, essayent chaque jour d'accaparer ces mouvements.

D'un côté, on organise le Syndicat pour la lutte des classes et la guerre au capital ; mais de l'autre, les Sociétés de secours mutuels sont souvent destinées par leurs fondateurs à se créer une influence politique par la popularité que leur donnent ces institutions, et à en user ensuite au profit d'un parti.

Cependant, nous avons suffisamment confiance dans la logique des choses, et dans la marche de leur évolution naturelle, contre lesquelles les passions des hommes ne sauraient définitivement prévaloir, pour espérer qu'un jour, le mouvement syndical et le mouvement mutualiste étant fusionnés, l'humanité fasse un pas de plus vers le progrès, et que la misère qui résulte de la faim et de la privation disparaisse de la terre.

Mais est-ce que cette prospérité, toute matérielle, sera une solution complète du problème social ?

Poser cette question, c'est demander si le problème social ne comprend pas la satisfaction des appétits moraux et intellectuels.

S'il en était ainsi, les sujets que comporte la question sociale s'allongeraient à l'infini, et sa complexité apparaîtrait variée comme celle de la nature humaine elle-même.

Mais dans son acception actuelle, la question sociale est plus restreinte, et ceux qui l'envisagent croiraient l'avoir complètement résolue, si un jour, par leurs soins, la vie matérielle de l'humanité était toujours assurée.

Contentons-nous de ce programme, modeste en face de son objet, mais immense en présence des forces de ceux qui l'entreprennent.

Puis, en considération de cette loi universelle, qu'il faut travailler pour vivre, bornons-nous à désirer que le droit imprescriptible de tout individu à l'existence ne soit pas méconnu, qu'en conséquence le travail soit assuré à chacun, et que l'on procède à l'organisation du travail, sans laquelle le paradis mutualiste ne sera jamais qu'une espérance et un mythe.

Vu
Le Doyen,
G. DE CAQUERAY.

Vu et permis d'imprimer :

Le Recteur,
CH. LARONZE.

TABLE DES MATIÈRES

PREMIÈRE PARTIE

**Introduction à une étude sur les Sociétés de Secours Mutuels.
Idées générales sur la Mutualité.**

DEUXIÈME PARTIE

Historique

TROISIÈME PARTIE

Nantes — Imprimerie A. DUGAS & Cⁱᵉ, quai Cassard, 5.